ALFRED BIOLEK

NEUE REZEPTE

Hallesches Schweinekotlett
mit roten Zwiebeln, Thymian, Gelee-Johannisbeer
auf gebratenes, Schweinekotlett legen mit
Ziegenkäse belegen nochmals 5 Minuten in den Ofen.

Risotto, mit gebratenem Schicoree in Butter

ALFRED BIOLEK

NEUE REZEPTE

Tre Torri

Das Erste

DANKSAGUNG

Pro GmbH, Köln
www.pro-gmbh.de

CPA! Communications- und Projektagentur GmbH, Wiesbaden
www.cpagmbh.de

VERLAG   © 2005 Tre Torri Verlag GmbH
www.tretorri.de

BUCHGESTALTUNG   Constantin Rothenburg
FOTOGRAFIE   Mitja Arzenšek, Köln
REDAKTIONELLE BERATUNG   Claus Lüttig, München
SATZHERSTELLUNG   Peter Winkelmann, Wiesbaden
REPRODUKTION   ScanComp GmbH, Wiesbaden
DRUCK UND BINDUNG   Hofmann Druck Nürnberg

Printed in Germany

ISBN 3-937963-16-2

Das Erste® WDR® alfredissimo! Kochen mit Bio
ist eine Co-Produktion der Pro GmbH Köln mit dem Westdeutschen Rundfunk Köln

© Das Erste/WDR/Pro GmbH/Agentur: WDR mediagroup licensing GmbH

Vorwort
und einige Bemerkungen zum Thema Zesten.

Im Januar 1995 lief die erste „alfredissimo!"-Sendung am Freitagnachmittag in der ARD. Wer von uns hätte damals gedacht, dass wir nach zehn Jahren immer noch auf dem Bildschirm sein würden, immer noch vom Publikum geschätzt und immer noch mit der gleichen Grundidee: Rezepte, die einfach und unkompliziert nachzuvollziehen sind, mit eindrucksvollen, leckeren Ergebnissen.

Und noch etwas hätte ich damals nicht gedacht: dass zehn Jahre später in fast allen meinen Rezepten die Schalen von Orangen oder Zitronen eine Rolle spielen würden. Unser wunderbarer Regisseur Sascha Arnz sprach schon damals von einem Zestenreißer. Ich hatte keine Ahnung, was das war. Inzwischen besitze ich längst dieses einfache Küchenwerkzeug, mit dem die Schale – die Zesten – der Zitrone oder der Orange dünn abgekratzt wird. Man kann es auch einfacher machen: indem man die Zesten mit einer traditionellen Reibe abreibt. Egal – ob gerissen oder gerieben: Zesten sind in. Warum? Keine Ahnung! Warum soll es nicht auch in der Küche Moden geben. Wichtig allerdings: es müssen unbehandelte Zitronen und Orangen sein.

Viele sagen, es sei auch eine neue Mode, am Essen zu sparen. Das finde ich traurig, weil Essen einer der schönsten Genüsse des Lebens ist. Aber ein genussvolles Gericht hängt nicht unbedingt von besonders feinen und damit teuren Zutaten ab. Ein einfacher Fisch oder eine einfache Hühnerbrust kann durch die Verwendung geschmacksintensiver Zutaten wie Ingwer, Sojasauce, Senf, Limettensaft, Kokosmilch, Safran und frischen oder getrockneten Kräutern und Gewürzen sehr aufgewertet werden. Ein teurer Seeteufel, der in teuren Parma-Schinken eingerollt wird, braucht das nicht. Aber ein preiswerter Seelachs, der in einfachen Bacon gewickelt wird, braucht den frischen Estragon, um zu einer der berühmten „Geschmacksexplosionen" im Mund zu führen. Die einfachste Hähnchenbrust wird durch eine Aprikosensauce oder durch Fenchel mit Kardamom zu einem sehr anspruchsvollen Gericht aufgewertet. So ist für jeden etwas dabei. Ich wünsche allen Benutzern dieses Kochbuchs viel Spaß beim Kochen und beim Essen.

Alfred Biolek

VORSPEISEN UND SALATE

SPARGEL

SALAT LONG ISLAND

Die Kartoffeln waschen und mit Schale in einem Topf kochen, abgießen und pellen. Die Böhnchen putzen und waschen. Den Spargel waschen, die harten Enden abschneiden und die Stangen in 5 cm lange Stücke schneiden, die Köpfe zur Seite legen. Die Zwiebel schälen und in sehr dünne Ringe hobeln. Die Avocado vierteln, vom Kern lösen, schälen und in Spalten schneiden.

Die Spargelstücke in kochendem Salzwasser 4–6 Minuten knackig garen, nach 2 Minuten die Spargelköpfe dazugeben. Die Böhnchen bissfest kochen, abgießen und abtropfen lassen. Die Orange schälen und die Filets mit einem scharfen Messer aus den Trennhäuten herauslösen. Aus Olivenöl, Zitronensaft, Salz und Pfeffer ein Dressing rühren. Die Kartoffeln vierteln und mit Zwiebelringen, Spargel, Böhnchen, Avocado und Orangenfilets vorsichtig mit dem Dressing vermengen und kurz ziehen lassen.

ZUTATEN

300 g kleine fest kochende Kartoffeln

250 g Kenia-Bohnen

300 g grüner Spargel, dünne Stangen

1 rote Zwiebel

1 Avocado

1 Orange

4 EL Olivenöl

1 Zitrone

Salz, Pfeffer

KÜRBIS-RUCOLA-SALAT

Rucola und Chicorée putzen, waschen und trockentupfen. Rucola in mundgerechte Stücke zupfen, Chicorée längs in Streifen schneiden. Den Kürbis von faserigem Fruchtfleisch und Kernen befreien, schälen und in 0,5 cm dicke Spalten schneiden. Zu lange Spalten halbieren. Sonnenblumenöl in einer Pfanne erhitzen und 2 TL der Kapern knusprig frittieren. Die Kapern herausnehmen und auf Küchenkrepp abtropfen lassen. Die Kürbisspalten bei mittlerer Hitze ca. 3 Minuten im selben Öl bissfest garen, dabei einmal wenden. Mit Salz und Pfeffer würzen und auf Küchenkrepp abtropfen lassen.

Für die Vinaigrette Sardellenfilets und 1 TL Kapern fein hacken, mit Orangensaft, Balsamico und 5 EL des Bratöls verrühren.

Die Hälfte der Vinaigrette mit Rucola und Chicorée vermischen und auf Tellern anrichten. Den Kürbis darauf legen, mit der restlichen Vinaigrette beträufeln und mit den frittierten Kapern bestreuen.

ZUTATEN

2 Bund Rucola

2 Chicorée

1 kleiner Kürbis, 500 g

80 ml Sonnenblumenöl

4 TL Kapern

Salz, Pfeffer

2 Sardellenfilets, in Öl

4 EL Saft von einer Orange

3 EL Balsamico-Essig

POCHIERTES EI AUF TOSKANA-TOAST

Die Schalotte schälen und sehr fein würfeln, Radicchio und Frisée verlesen, in warmem Wasser waschen und trockenschleudern. Balsamico, Senf und Schalotten in eine Schüssel geben und unter Rühren 5 EL Olivenöl dazugeben, mit Salz und Pfeffer abschmecken. Petersilie und Rosmarin waschen, trockentupfen, hacken und mischen. Die Brotscheiben toasten, auf einer Seite mit geschältem Knoblauch einreiben und mit Olivenöl beträufeln. Dann mit der Kräutermischung bestreuen, etwas salzen und pfeffern und mit Schinken belegen.

Weißweinessig in einen Topf mit einem Liter kochendem Wasser geben. Jeweils ein Ei in eine Suppenkelle oder Tasse aufschlagen und vorsichtig ins Wasser gleiten lassen. Die Eier 3–4 Minuten pochieren, mit der Schaumkelle herausnehmen und abtropfen lassen. Den Salat mit der Vinaigrette vermischen. Je ein Ei auf einen Toast geben und mit dem Salat servieren.

ZUTATEN

1 kleine Schalotte

1 Radicchio

1 Frisée-Salat

1 EL Balsamico-Essig

½ EL Dijon-Senf

6 EL Olivenöl

Salz, Pfeffer

2 Zweige Petersilie

1 Zweig Rosmarin

4 Scheiben italienisches Weißbrot

2 Knoblauchzehen

100 g Parma-Schinken

3 EL Weißweinessig

4 Eier

POCHIERTES EI AUF TOSKANA-TOAST

SALAT PANORMOS

Die Bohnen waschen und halbieren. Zucchini waschen und in sehr dünne Scheiben hobeln. In eine Schüssel geben und mit dem Saft der Zitrone mischen. Die Zwiebeln schälen und in sehr feine Ringe hobeln. Salzwasser in einem Topf zum Kochen bringen und die Bohnen darin etwa 15 Minuten bissfest garen.

Für das Dressing Sherry-Essig, Balsamico und Olivenöl vermischen und mit Salz, Pfeffer und Zucker herzhaft abschmecken.

Die Bohnen abgießen, gut abtropfen lassen und heiß mit dem Dressing mischen. Zwiebeln, Kapern und Zucchini unterheben und durchziehen lassen, bis der Salat abgekühlt ist.

ZUTATEN
½ kg grüne, dünne Bohnen
  (Buschbohnen)
2 mittlere Zucchini
1 Zitrone
2 kleine rote Zwiebeln
3 EL Sherry-Essig
2 EL Balsamico-Essig
8 EL Olivenöl
Salz, Pfeffer
Zucker
2–3 EL Kapern

HÄHNCHENSALAT MIT GRAPEFRUIT UND MINZE

Grapefruits schälen und die Filets mit einem scharfen Messer aus den Trennhäuten heraus-lösen. Chili entkernen und in feine Streifen schneiden. Den Knoblauch schälen und sehr fein würfeln. Die Minze waschen, trockenschütteln, Blättchen von den Stielen zupfen und hacken.

In einer Pfanne das Öl erhitzen und die Hähnchenbrustfilets darin unter mehrmaligem Wenden etwa 10 Minuten braten.

Für das Dressing Sojasauce, Zucker, Limettensaft, Reisessig und etwas heißes Wasser verrühren und mit Knoblauch und Chili abschmecken.

Das Hähnchenfleisch schräg in Streifen schneiden und auf Tellern anrichten. Grapefruitfilets und Minzeblättchen darauf verteilen und mit dem Dressing beträufeln.

ZUTATEN

2 mittlere Grapefruits, pink

2 rote Chilischoten

2 Knoblauchzehen

1 Bund Minze

3 EL Olivenöl

4 kleine Hähnchenbrustfilets à 80 g

4 EL Sojasauce

2 EL Zucker

2 EL Limettensaft

1 EL Reisessig

SALAT VON WEISSEN BOHNEN MIT RÄUCHERFORELLE

Die Bohnen in einem Sieb mit heißem Wasser übergießen und abtropfen lassen. Die Zitrone gut abwaschen und ca. 2 TL Zesten abziehen. Von einer Hälfte den Saft auspressen. Die Petersilie waschen und grob hacken. Knoblauch und Zwiebel schälen und die Zwiebel fein würfeln. Die Bohnen in eine Schüssel geben.

Zesten, Zitronensaft, Petersilie und Öl mit den Bohnen vermischen, Zwiebelwürfel dazugeben und Knoblauch dazupressen, mit Salz und Pfeffer abschmecken. Den Salat mit Forellenfilets anrichten.

ZUTATEN

1 Dose weiße Bohnen, 425 g	1 rote Zwiebel
1 unbehandelte Zitrone	3–4 EL Olivenöl
1 Bund glatte Petersilie	Salz, Pfeffer
1 Knoblauchzehe	2 geräucherte Forellenfilets

ORANGEN-DATTEL-SALAT MIT PARMESAN

Orangen schälen und die Filets mit einem scharfen Messer aus den Trennhäuten herauslösen. Mandeln in einer kleinen Pfanne ohne Fett anrösten. Rucola waschen und trockentupfen. Datteln halbieren. Vom Parmesan mit dem Sparschäler sehr dünne Scheiben abhobeln. Rucola auf Tellern anrichten, Datteln, Orangenfilets und Parmesan darauf legen und mit den Mandeln bestreuen. Mit etwas Öl beträufeln und mit Pfeffer würzen.

ZUTATEN

3 Orangen	Parmesan
20 geschälte Mandeln	3 EL Mandel- oder Haselnussöl
1 kleines Bund Rucola	Pfeffer
8 frische Datteln ohne Kern	

THAILÄNDISCHER KALAMARISALAT

Vom Zitronengras harte Teile entfernen und das Weiche fein hacken, ca. 2 TL. Die Knoblauchzehen schälen und klein hacken. Die Kalamari-Tuben in Streifen schneiden. In einer Pfanne das Pflanzenöl heiß werden lassen und Kalamari bei starker Hitze anbraten. Nur ab und zu umrühren. Die Pfanne vom Herd nehmen, Zitronengras, Knoblauch und Chilipulver unterrühren und abkühlen lassen.

Zwiebel schälen, halbieren und in dünne Ringe schneiden. Den Staudensellerie waschen, putzen und in feine Streifen schneiden. Für das Dressing Soja- oder Fischsauce, Limettensaft, Zucker, Salz, Zwiebelringe und Sellerie verrühren. Die lauwarmen Kalamari-Streifen darunter heben und mit Minze oder Koriandergrün bestreuen.

ZUTATEN

1–2 Stangen Zitronengras

4 Knoblauchzehen

500 g kleine Kalamari, küchenfertig
   ausgenommen und gesäubert

2 EL Pflanzenöl

½ TL Chilipulver

2 EL Sojasauce oder Fischsauce

4 EL Limettensaft

1 EL Zucker

½ TL Salz

1 kleine rote Zwiebel

2 Stangen Staudensellerie

10 Blättchen Minze oder Koriandergrün,
   gehackt

SÜSSKARTOFFEL-CARPACCIO MIT RIESENGARNELEN

Die Süßkartoffeln waschen, mit kaltem Wasser aufsetzen, zum Kochen bringen und garen. Abgießen, pellen, abkühlen lassen und für eine halbe Stunde ins Gefrierfach legen. Die Salate verlesen, waschen und trockenschleudern.

Die Garnelen schälen, der Länge nach halbieren und den Darm entfernen. Die angefrorenen Süßkartoffeln mit einem scharfen Messer in hauchdünne Scheiben schneiden. Kreisförmig auf einem Teller auslegen, ohne dass sie sich überlappen. Für die Vinaigrette 10 EL Öl, Essig, Senf, Zucker, Salz und Pfeffer in ein Marmeladenglas geben, verschließen und kräftig durchschütteln. Etwas Vinaigrette über die Kartoffeln träufeln und den Rest mit den Salaten vermischen.

Den Salat auf die Kartoffelscheiben setzen. Das restliche Öl in einer Pfanne erhitzen, darin die Garnelen unter Wenden etwa 5 Minuten braten. Mit Salz und Pfeffer würzen und auf den Salat legen.

ZUTATEN

400 g Süßkartoffeln

150 g Feldsalat

1 Kopf Frisée-Salat

12 Riesengarnelen, ca. 10 cm lang, mit Schale

12 EL Pflanzenöl

4 EL Himbeer-Essig

2 EL süßer Senf

Zucker

Salz, Pfeffer

LINSEN-FETA-SALAT

LINSEN-FETA-SALAT

Den Backofen auf 200 °C vorheizen. Die Zwiebeln schälen und in dünne Ringe schneiden. Thymian und Minze waschen, trockentupfen und die Blättchen abstreifen, die Minze fein hacken. Die Linsen unter fließendem Wasser abspülen, in einem Topf mit reichlich Wasser zum Kochen bringen und 25–30 Minuten garen.

Zwiebelringe mit Thymian und 2 EL Olivenöl in einer Schüssel vermischen, mit Pfeffer würzen. 4 Stück Alufolie, 25 x 25 cm, auf ein Backblech legen, die Hälfte der Zwiebelringe darauf verteilen. Je eine Scheibe Feta darauf legen und mit den restlichen Zwiebeln bedecken. Die Folie locker zu Päckchen verschließen und 15–20 Minuten im Backofen backen. Die Linsen abgießen, mit der Minze und 4 EL Olivenöl vermengen, mit Zitronensaft, Salz und Pfeffer abschmecken. Auf Teller verteilen und je eine Scheibe Feta und Zwiebeln darauf legen.

Dazu kann man ein Fladenbrot reichen, das 5 Minuten im Ofen aufgebacken wurde.

ZUTATEN

2 rote Zwiebeln

6 Zweige Thymian

5 Zweige Minze

250 g dunkelgrüne Linsen (Tellerlinsen)

6 EL Olivenöl

4 Scheiben Feta-Käse à 100 g

2–3 EL Zitronensaft

Salz, Pfeffer

Fladenbrot

ASIATISCHER HÜHNERSALAT
MIT KAROTTEN UND STERNANIS

Die Karotten schälen und schräg in dünne Scheiben schneiden. Die Frühlingszwiebeln putzen und fein hacken. Den Sternanis im Mörser leicht zerdrücken. Ingwer schälen und in dünne Scheiben schneiden.

Sojasauce, Zucker, 5-Gewürze-Pulver, Reiswein-Essig und 1 TL Sesamöl in einer Schüssel verrühren, Sternanis und Ingwerscheiben untermischen. Die Hähnchenbrustfilets darin marinieren und zugedeckt mindestens 8 Stunden, aber nicht länger als 24 Stunden ziehen lassen.

Die Filets aus der Marinade nehmen. Die Marinade in einen kleinen Topf geben und zusammen mit der Hühnerbrühe zum Kochen bringen. Die Filets etwa 10 Minuten darin leise köcheln, die Karotten für etwa 5 Minuten mitköcheln lassen. Beides herausnehmen und die Hähnchenbrustfilets in sehr dünne Scheiben schneiden. Den Kochsud durch ein Sieb gießen, bei großer Flamme auf etwa ein Viertel einkochen lassen und mit Salz und Pfeffer abschmecken. Karotten und Hähnchenbrustscheiben auf Tellern anrichten, mit den Frühlingszwiebeln bestreuen und mit der Sauce beträufeln.

Die 5-Gewürze-Mischung kann man auch ganz einfach selber herstellen. Dazu zerstößt man im Mörser 2 Sternanis, 1 TL Fenchelsamen, 1 TL weißer Pfeffer, 1 TL Zimt und 3 Nelken.

ZUTATEN

125 g Karotten	1/2 TL 5-Gewürze-Pulver
4 Frühlingszwiebeln	4 EL Reiswein-Essig
20 g Sternanis	2 TL helles Sesamöl
1 Stück Ingwer, walnussgroß	500 g Hähnchenbrustfilets
6 EL helle Sojasauce	1/2 l Hühnerbrühe
4 TL Zucker	Salz, Pfeffer

SPARGEL-SCHALOTTEN-SALAT
MIT HONIG-VINAIGRETTE

Den Spargel waschen, die harten Enden entfernen und die Stangen in 2 cm lange Stücke
schneiden, die Köpfe beiseite legen. Die Schalotten schälen. Die Brunnenkresse verlesen,
waschen und grobe Stiele entfernen. Den Thymian waschen, trockentupfen und davon
ca. 1 TL Blättchen sehr fein hacken.

In 2 Töpfen Salzwasser zum Kochen bringen. In einem Topf die Schalotten 15 Minuten
kochen, abgießen und abkühlen lassen. Im anderen Topf die Spargelstücke bissfest garen,
nach 2 Minuten die Spargelköpfe dazugeben.

Essig, Honig, Senf, Öl, Salz und Pfeffer zu einer Vinaigrette verrühren, Thymian dazugeben.
Schalotten und Spargel in eine Schüssel geben, die Vinaigrette darüber gießen und 10 Minuten
ziehen lassen. Zum Schluss die Brunnenkresse und 1 TL Thymian unterheben. Den Salat lauwarm essen.

ZUTATEN

250 g grüner Spargel, dünne Stangen

500 g kleine Schalotten

1 Bund Brunnenkresse

5 Zweige Thymian

4 EL Weißweinessig

3–4 EL Honig

2 EL Dijonsenf

8 EL Olivenöl

Salz, Pfeffer

TOMATEN-KÄSE-QUICHE

Den Backofen auf 200 °C vorheizen. Eine Quicheform mit Butter ausstreichen, den Blätterteig auftauen und leicht ausrollen oder den frischen Blätterteig ausbreiten, in die Form legen und 15 Minuten in den Kühlschrank stellen. Den Thymian waschen, trockentupfen und die Blättchen abzupfen. Den Knoblauch schälen und den Käse in Streifen schneiden. Die Tomaten waschen und in Scheiben schneiden, den Stielansatz entfernen. Die Oliven vom Stein schneiden und grob hacken.

Den Blatterteig dünn mit Senf bestreichen und den Käse darauf verteilen. Die Tomatenscheiben ringförmig auf den Käse legen und die Oliven darauf verteilen. Mit Thymianblättchen bestreuen und mit Pfeffer würzen. Olivenöl mit ausgepresstem Knoblauch mischen, die Quiche damit beträufeln und im Backofen auf mittlerer Schiene ca. 25 Minuten backen.

ZUTATEN

Butter für die Form

3 Platten TK Blätterteig
    (oder 1 frischer, 230 g)

2 Zweige Thymian

2 Knoblauchzehen

300 g Gruyère in Scheiben

6 Tomaten

15 schwarze Oliven

1 EL Dijonsenf

Pfeffer

3 EL Olivenöl

TOMATEN-KÄSE-QUICHE

SUPPEN

KLARE TOMATENSUPPE MIT BASILIKUMKLÖSSCHEN

KAROTTEN-INGWER-HONIG SUPPE

Zwiebel und Knoblauch schälen und fein hacken. Den Ingwer schälen und in dünne Scheiben schneiden. Den Sellerie waschen und in kleine Würfel schneiden. Die Karotten schälen und in Scheiben schneiden. Die Zitrone gründlich waschen, Schale abreiben und die Frucht auspressen. Pflanzenöl und 2 EL Butter in einem Topf erhitzen, Zwiebel und Knoblauch darin anbraten. Ingwer, Staudensellerie und Karotten dazugeben und andünsten. Mit der Gemüsebrühe ablöschen und bei geschlossenem Deckel 12 Minuten köcheln. Honig, Crème fraîche, Zitronenschale und die restliche Butter zu der Suppe geben und mit einem Stabmixer pürieren. Mit Salz, Pfeffer, Zitronensaft und Zucker abschmecken und mit Petersilie bestreuen.

ZUTATEN

1 Zwiebel

1 Knoblauchzehe

2 Stücke Ingwer, walnussgroß

1 Stange Staudensellerie

500 g Karotten

1 unbehandelte Zitrone

1 EL Pflanzenöl

3 EL Butter

3/4 l Gemüsebrühe

1 EL Honig

2 EL Crème fraîche

Salz, Pfeffer

Zucker

Petersilie, gehackt

FENCHEL-MINESTRONE

Die Haut von der Salami entfernen und die Wurst in kleine Würfel schneiden. Lauch und Fenchel putzen und waschen. Das Weiße und Hellgrüne vom Lauch in Ringe schneiden. Fenchelknollen in Streifen schneiden und das Fenchelgrün fein hacken. Den Fenchelsamen im Mörser zerstoßen, Knoblauch schälen. Das Basilikum waschen, trockentupfen, die Blättchen abstreifen und in Streifen schneiden. Die Nudeln in Salzwasser bissfest garen.

Olivenöl in einer Pfanne heiß werden lassen und die Salamiwürfel darin anbraten. Etwa $3/4$ vom Fett abgießen, Fenchel, Lauch und Fenchelsamen zur Wurst geben und Knoblauch dazupressen. Bei mittlerer Hitze etwa 5 Minuten dünsten und dann die Tomaten mit Saft dazugeben. Tomaten mit dem Kochlöffel leicht zerdrücken und die Hühnerbrühe angießen. Zugedeckt etwa 30 Minuten köcheln lassen. Die Bohnen abgießen und zusammen mit den Nudeln zur Suppe geben, mit Salz und Pfeffer abschmecken.

Die Suppe mit geriebenem Parmesan, Basilikum und Fenchelgrün anrichten.

ZUTATEN

200 g weiche italienische Salami

1 Stange Lauch

250 g Fenchelknolle mit Grün

1 TL Fenchelsamen

1 Knoblauchzehe

1 Bund Basilikum

100 g kleine Nudeln

2 EL Olivenöl

1 Dose geschälte Tomaten, 800 g

$3/4$ l Hühnerbrühe

1 Dose Cannellini-Bohnen, 200 g

Salz, Pfeffer

50 g geriebener Parmesan

SUPPE VON DICKEN BOHNEN MIT BACON

Die Zwiebeln schälen und in Würfel schneiden. Den Speck fein würfeln und die Baconscheiben in Streifen schneiden. In einem Topf das Öl erhitzen, den Speck auslassen und die Zwiebeln glasig andünsten. Die dicken Bohnen zugeben und die Hühnerbrühe angießen. Das Bohnenkraut darauf legen und zugedeckt 30 Minuten köcheln lassen. Die Crème fraîche einrühren, mit Salz und Pfeffer abschmecken und mit dem Stabmixer pürieren. Eine Pfanne ohne Fett stark erhitzen und die Baconstreifen knusprig auslassen. Die Suppe in Teller geben und mit den Baconstreifen bestreuen.

ZUTATEN

2 Zwiebeln

100 g geräucherter fetter Speck

5 Scheiben Bacon

1–2 EL Pflanzenöl

500 g dicke Bohnen, ohne Schale

3/4 l Hühnerbrühe

1 Zweig Bohnenkraut

3 EL Crème fraîche

Salz, Pfeffer

SUPPE VON DICKEN BOHNEN MIT BACON

ZWIEBELSUPPE MIT ZIEGENKÄSE-CROÛTONS

Das Weiße und Hellgrüne vom Lauch putzen, waschen und in Streifen schneiden. Die Gemüsezwiebel halbieren und in dünne Scheiben schneiden. Nur das Weiße von den Frühlingszwiebeln klein hacken. Schalotten, Knoblauch und Ingwer schälen und ebenfalls hacken. In einem Topf die Butter schmelzen und bei kleiner Hitze Zwiebeln, Lauch, Frühlingszwiebeln, Schalotten, Knoblauch und die Hälfte Ingwer unter Rühren 5 Minuten anschwitzen. Mit der Gemüsebrühe ablöschen, aufkochen und mit Deckel 25 Minuten köcheln lassen. Wermut, Cidre, Calvados, Zitronensaft und den restlichen Ingwer zur Suppe geben und weitere 10 Minuten ohne Deckel köcheln lassen. Die Sahne dazugießen, mit Salz, Pfeffer und frisch geriebener Muskatnuss abschmecken und die Suppe mit dem Stabmixer pürieren.

Den Schnittlauch waschen und in feine Röllchen schneiden. Das Baguette in 1–2 cm dicke Scheiben schneiden. Ziegenkäse mit ¼ des Schnittlauches vermischen, salzen, pfeffern und die Baguettescheiben damit bestreichen. Unter dem Grill hellbraun rösten. Die Suppe anrichten, je 2 Ziegenkäse-Croûtons einlegen und mit dem restlichen Schnittlauch bestreuen.

ZUTATEN

3 Stangen Lauch	2 EL Calvados
1 große Gemüsezwiebel	1 EL Zitronensaft
1 Bund Frühlingszwiebeln	100 g Sahne
5–6 Schalotten	Salz, Pfeffer
2 Knoblauchzehen	Muskatnuss
2 Stücke Ingwer, walnussgroß	2 Bund Schnittlauch
4 EL Butter	1 Stange Baguette
1½ l Gemüsebrühe	150 g Ziegenfrischkäse oder
60 ml trockener Wermut	einen neutralen Frischkäse
60 ml Cidre oder Apfelwein	2 Bund Schnittlauch

PILZSUPPE MIT NÜSSEN

Die Pilze putzen und in Scheiben schneiden, Kartoffeln schälen und in sehr dünne Scheiben schneiden. Die Zwiebel schälen und fein würfeln. Die Kräuter waschen, trockentupfen und fein hacken. Die Gemüsebrühe erhitzen. In einen großen Topf 2 EL Olivenöl geben, Zwiebel und Kräuter bei schwacher Hitze kurz dünsten, Kartoffeln und Pilze zufügen und mit Salz und Pfeffer würzen. Mit der heißen Brühe aufgießen und 15 Minuten leicht köcheln lassen.

Inzwischen die Haselnüsse ohne Fett in einer Pfanne rösten, dabei ständig rühren. Die Nüsse herausnehmen, auf ein Tuch geben und die losen Hautteile damit abreiben. Nüsse nicht zu fein hacken, in die Suppe geben und 10 Minuten mitkochen. Die Suppe in Schalen füllen, mit dem restlichen Olivenöl beträufeln und nach Geschmack mit Parmesan bestreuen.

ZUTATEN

200 g kleine Steinpilze oder
    braune Champignons

100 g Pfifferlinge

7 Shiitake-Pilze

250 g Kartoffeln

1 Zwiebel

1 Bund glatte Petersilie

2 Zweige Thymian

2 Zweige Majoran

1 l Gemüsebrühe

4–5 EL Olivenöl

Salz, Pfeffer

3 EL Haselnusskerne

50 g geriebener Parmesan

SCHARFE MAISSUPPE

Zwiebel und Knoblauch schälen und fein würfeln. Den Bacon ebenfalls fein würfeln. Chili entkernen und fein hacken. Die Kartoffel schälen, waschen und würfeln. Hähnchenbrustfilets waschen, trockentupfen und in 1 cm große Würfel schneiden.

In einem Topf die Butter erhitzen und darin Bacon, Chili, Zwiebel und Knoblauch etwa 8 Minuten andünsten. Die Brühe angießen und Kartoffelwürfel, Thymian, Hähnchenfleisch und Mais dazugeben. Mit Deckel etwa 20 Minuten köcheln lassen. Die Sahne zugießen und mit Salz und Pfeffer abschmecken. Nach Geschmack mit Chili-Öl beträufeln und anrichten.

ZUTATEN

1 Zwiebel

1 Knoblauchzehe

2 Scheiben Frühstücksspeck (Bacon)

4 Chilischoten, mittelscharf

1 mittelgroße Kartoffel

2 Hähnchenbrustfilets

50 g Butter

1,2 l Hühnerbrühe

1 TL Thymianblättchen

225 g Mais, tiefgekühlt oder
    aus der Dose

150 g Sahne

Salz, Pfeffer

Chili-Öl nach Geschmack

SELLERIE-PROSECCO-SUPPE

Den Sellerie schälen, waschen und in ca. 3 cm große Würfel schneiden. Zwiebel und Knoblauch schälen und fein hacken. Die Zitrone auspressen. Den Apfel schälen, vierteln, entkernen, in ca. 1 cm große Stücke würfeln und mit Zitronensaft beträufeln, damit er nicht braun wird. Majoran waschen, trockentupfen und die Blättchen abzupfen.

Zwiebelwürfel und Knoblauch im Pflanzenöl glasig anschwitzen, den Sellerie dazugeben, kurz mitdünsten und alles salzen und pfeffern. Mit 150 ml Prosecco, dem Apfelsaft und $\frac{1}{4}$ l Gemüsebrühe ablöschen. Aufkochen lassen und zugedeckt bei mittlerer Hitze ca. 25 Minuten kochen, bis der Sellerie weich ist. Crème fraîche dazugeben und die Suppe mit einem Mixstab pürieren, dabei von der restlichen Gemüsebrühe so viel hinzufügen, dass die Suppe eine cremige Konsistenz bekommt. Mit frischer Muskatnuss, Cayennepfeffer, Salz und Pfeffer abschmecken. Die Suppe eventuell durch ein Sieb geben und noch einmal aufkochen lassen.

Die Apfelstücke in einer Pfanne mit Butter und dem Ahornsirup kurz anbraten. Den restlichen Prosecco, die Majoranblättchen und die Apfelstücke zur Suppe geben.

ZUTATEN

500 g Knollensellerie	200 ml Prosecco
1 Zwiebel	$\frac{1}{4}$ l Apfelsaft
1 Knoblauchzehe	$\frac{1}{2}$ l Gemüsebrühe
1 unbehandelte Zitrone	100 g Crème fraîche
1 Apfel, z. B. Boskop	Muskatnuss
3 Zweige Majoran	Cayennepfeffer
2 EL Pflanzenöl	20 g Butter
Salz, Pfeffer	2 EL Ahornsirup

LINSEN-SPINAT-SUPPE

Lauch und Sellerie putzen. Lauch in feine Streifen schneiden und Sellerie würfeln. Zwiebeln und Karotte schälen und ebenfalls in Würfel schneiden. Die Linsen in einem Sieb unter fließendem Wasser kalt abspülen. Spinat verlesen und gründlich waschen, blanchieren, gut ausdrücken und grob hacken oder den tiefgekühlten Spinat auftauen lassen und ebenfalls grob hacken. Die Zitrone gründlich abwaschen und etwa 1 TL Schale abreiben.

In einem Topf das Öl erhitzen und die Gemüsewürfel darin andünsten. Linsen und Tomatenmark zugeben und unter Rühren kurz mitdünsten. Die Gemüsebrühe angießen und alles ohne Deckel bei mittlerer Hitze köcheln, bis die Linsen gar sind, aber noch Biss haben. Den Senf einrühren und alles mit einem Schneidstab kurz pürieren, um die Suppe leicht zu binden. Die Linsen nicht komplett pürieren. Den Spinat und die Zitronenschale zur Suppe geben und weitere 3–4 Minuten köcheln lassen. Mit Salz und etwas Zucker abschmecken, auf Teller verteilen und mit grob gemahlenem Pfeffer bestreuen.

ZUTATEN

1 Stange Lauch

100 g Knollensellerie

2 mittelgroße Zwiebeln

1 Karotte

200 g kleine Linsen

400 g frischer Blattspinat oder
    200 g tiefgekühlter Blattspinat

1 unbehandelte Zitrone

5–6 EL Olivenöl

2 EL Tomatenmark

1 $\frac{1}{2}$ l Gemüsebrühe

2–3 TL Rotisseur-Senf

Salz, Pfeffer

Zucker

KLARE TOMATENSUPPE MIT BASILIKUMKLÖSSCHEN

Die Tomaten brühen, abziehen, den Stielansatz entfernen, entkernen und das Fruchtfleisch grob würfeln. Zwiebel, Karotte und Knollensellerie schälen und grob zerteilen. Den Lauch gut putzen, waschen und in grobe Stücke schneiden. Das Hähnchenfleisch fein würfeln. Alle Eier trennen, Eiweiß für die Suppe zur Seite stellen, 8 Eigelbe für die Klößchen verwahren.

Für die Klößchen Petersilie und Basilikum waschen, trockentupfen und die Blätter abzupfen. Die Kräuter sehr fein hacken. Die Eigelbe mit Butter, Weißbrot und Kräutern mit einem Mixstab pürieren. Mit Salz und Cayennepfeffer würzen und die Masse im Kühlschrank einige Stunden fest werden lassen.

Für die Suppe die kalte Hühnerbrühe in einen Topf geben. Gemüse, Hähnchenwürfel, Tomaten, die Hälfte des Eiweiß (die andere Hälfte entsorgen) und Estragon zugeben und alles langsam zum Kochen bringen. Zwischendurch umrühren und 20 Minuten ziehen lassen. Ein großes Sieb mit einem Küchentuch auslegen und die Suppe passieren.

In einem Topf Salzwasser zum Kochen bringen. Mit einem Teelöffel Nocken von dem Klößchenteig abstechen und im siedenden Wasser etwa 5 Minuten ziehen lassen.

Die Suppe mit Salz und Pfeffer abschmecken, auf Teller verteilen und die Klößchen hineingeben.

ZUTATEN

Suppe:	Klößchen:
500 g reife Tomaten	100 g Petersilie
1 Zwiebel	100 g Basilikum
1 Karotte	3 EL Butter
1 Stück Knollensellerie, 150 g	4 Eier
1 kleine Stange Lauch	100 g Weißbrot vom Vortag,
250 g Hähnchenbrustfilets	gerieben
4 Eier	Salz
1 1/2 l Hühnerbrühe	Cayennepfeffer
1 Stängel Estragon	
Salz, Pfeffer	

ROSENKOHLSUPPE

Den Rosenkohl putzen, waschen und vierteln. Zwiebel schälen und fein würfeln. Die Kartoffel ebenfalls schälen, waschen und würfeln. Brunnenkresse waschen, trockenschütteln, die Blätter abzupfen und in Streifen schneiden. Den Bacon oder Tofu würfeln.

Die gewürfelte Zwiebel in der Butter glasig anschwitzen und dann die Kartoffelwürfel dazugeben. Mit der Brühe ablöschen und das Ganze einige Minuten kochen. Den Rosenkohl dazugeben und weitere 10 Minuten kochen. Bacon in einer Pfanne ohne Fett knusprig braten oder Tofu in Butter anbraten. Auf Küchenkrepp abtropfen lassen. Crème fraîche unter die Suppe rühren und alles mit einem Mixstab pürieren. Mit Salz, Pfeffer und frisch geriebener Muskatnuss abschmecken. Die Suppe in Teller geben und mit Bacon und Brunnenkresse anrichten.

ZUTATEN

500 g Rosenkohl

1 große Zwiebel

1 große Kartoffel

1 Bund Brunnenkresse

3 Scheiben Bacon, 2–3 mm dick
   (oder geräucherten Tofu)

50 g Butter

1 l Brühe (Hühner- oder Gemüsebrühe)

2–3 EL Crème fraîche

Salz, Pfeffer

Muskatnuss

WEIN-PAPRIKA-SUPPE

Den Backofen auf 250 °C vorheizen. Die Paprikaschoten halbieren, entkernen und 25 Minuten im Backofen rösten, bis die Haut Blasen wirft und dunkel wird. Die Paprika aus dem Ofen nehmen, mit einem feuchten Tuch abdecken und etwa 10 Minuten ruhen lassen. Dann die Schale abziehen. Basilikumblättchen waschen, trockentupfen und in Streifen schneiden. In einem Topf den Wein bei großer Hitze auf die Hälfte einkochen lassen. Die gegrillten Paprika im Mixer pürieren.

Paprika-Püree zum Wein geben, die Sahne angießen, kurz aufkochen lassen und bei kleiner Hitze 5 Minuten köcheln. Mit einer Prise Zucker, Salz und Pfeffer abschmecken und mit Basilikum anrichten.

ZUTATEN

3 rote Paprikaschoten

10 Basilikum-Blätter

$^{1}/_{2}$ l Weißwein, vorzugsweise Chardonnay

100 g Sahne

Zucker

Salz, Pfeffer

ERBSENSUPPE MIT MINZE

Zwiebel und Knoblauch schälen und fein würfeln. Die Minze waschen, trockentupfen, Blättchen von den Stielen zupfen und fein hacken. In einem Topf das Öl erhitzen und die Zwiebelwürfel darin weich dünsten. Knoblauch, Erbsen und Minze, bis auf einen kleinen Teil zum Anrichten, hinzufügen und 2–3 Minuten dünsten.

Die Hühnerbrühe angießen, kurz aufkochen und bei kleiner Hitze köcheln lassen, bis die Erbsen weich sind. 4–5 EL Erbsen herausnehmen und zur Seite stellen. Die Suppe mit dem Stabmixer pürieren. Mit Salz, Pfeffer und frisch geriebener Muskatnuss abschmecken. Die restlichen Erbsen zur Suppe geben und mit Minze bestreuen.

ZUTATEN

1 kleine Zwiebel

2 Knoblauchzehen

1 Bund Minze

1 EL Olivenöl

250 g Erbsen, tiefgekühlt

500 ml Hühnerbrühe

Salz, Pfeffer

Muskatnuss

ERBSENSUPPE MIT MINZE

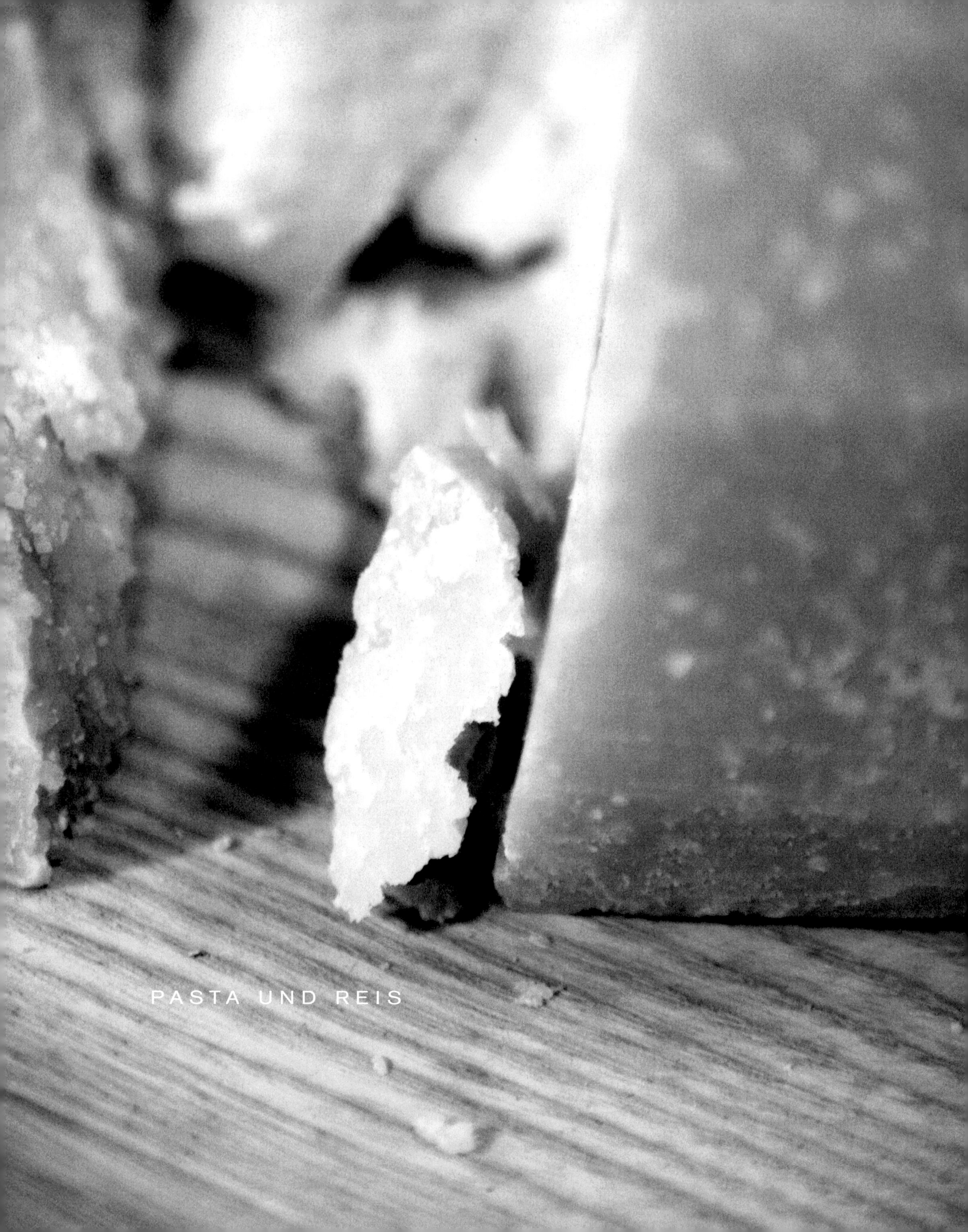
PASTA UND REIS

RADICCHIO

SCHARFE AUBERGINENSAUCE ZU PASTA

Die Aubergine gründlich waschen und in 1 cm große Würfel schneiden. Tomaten abtropfen und hacken. Koriander und Chili im Mörser zerstoßen. Die Oliven vom Stein schneiden. Basilikum waschen, trockenschleudern und grob hacken.

In einer Pfanne Olivenöl erhitzen und die Auberginenwürfel zusammen mit Chili und Koriander goldbraun braten. Die Tomaten dazugeben und einige Minuten köcheln lassen, dann die Oliven unterrühren. Etwas einkochen lassen, bis die Sauce sämig wird. Mit Salz, Pfeffer und nach Geschmack mit etwas Rotweinessig abschmecken. Spaghetti in reichlich Salzwasser al dente garen, abgießen und auf die Teller verteilen. Etwas gehacktes Basilikum in die Sauce streuen, umrühren und über die Pasta geben. Mit viel Parmesan und dem restlichen Basilikum bestreuen.

ZUTATEN

1 große Aubergine

1 Dose geschälte Tomaten, 400 g

1 TL Korianderkörner

1–2 getrocknete rote Chilischoten

125 g schwarze Oliven

1 Bund Basilikum

6–8 EL Olivenöl

Salz, Pfeffer

nach Geschmack etwas Rotweinessig

500 g Spaghetti

150 g Parmesan

ENTENRAGOUT ZU PASTA

Von der Entenbrust die Fettseite entfernen und das Fett in kleine Stücke schneiden. Die Entenbrustfilets in dünne Scheiben schneiden. Zucchini und Paprika putzen, waschen und würfeln. Die Peperoni längs halbieren, entkernen und quer in dünne Streifen schneiden. Den Knoblauch schälen, die Minze fein hacken.

In einer Pfanne bei mittlerer Hitze das Entenfett auslassen, Hautstücke herausnehmen. In dem ausgelassenen Fett die Filetstreifen kurz anbraten, den Knoblauch hineinpressen und die Peperonistreifen und die Hälfte der Minze dazugeben. Das Entenfleisch aus der Pfanne nehmen und zur Seite stellen. In der noch heißen Pfanne die Gemüsewürfel kurz anbraten, mit Zucker, Salz und Pfeffer würzen. Mit Rotwein und Dosentomaten ablöschen und 10 Minuten einkochen lassen. Das Entenfleisch in die Sauce geben und kurz aufkochen lassen.

Die restliche Minze über das Entenragout streuen und noch mal mit Salz und Pfeffer abschmecken. Die Pasta al dente kochen und mit dem Entenragout anrichten. Mit Parmesan bestreuen.

ZUTATEN

1 Entenbrustfilet, ca. 400 g

1 Zucchini

1 rote Paprikaschote

1 rote Peperoni

1 Knoblauchzehe

2 EL Minze

1 TL brauner Zucker

Salz, Pfeffer

50 ml Rotwein

1 Dose geschälte Tomaten, 850 ml

400 g Pasta, z. B. Penne

Parmesan

PASTA MIT FRISCHEN KRÄUTERN

Die Orange abwaschen, die Hälfte der Schale als Zesten abziehen und fein hacken. Den Knoblauch schälen und sehr fein würfeln. In einer Pfanne die Haselnüsse ohne Fett anrösten und grob hacken. Die Kräuter waschen, trockentupfen und hacken. Den Parmesan reiben.

In einem Topf die Spaghetti al dente kochen. In einer großen Pfanne die Butter schmelzen und den Knoblauch anschwitzen. Haselnüsse, Orangenzesten, Olivenöl, Salz, Pfeffer und etwas Nudelwasser unterrühren. Die Spaghetti abgießen, in die Pfanne geben und gut mit den übrigen Zutaten vermengen. Parmesan und die frischen Kräuter unterheben.

ZUTATEN

1 unbehandelte Orange

1 Knoblauchzehe

25 g Haselnüsse

8–10 EL gemischte Kräuter
   (Basilikum, Minze, Dill, Kerbel,
   Petersilie, Schnittlauch)

75 g Parmesan

350 g Spaghetti

3 EL Butter

4 EL Olivenöl

Salz, Pfeffer

PASTA MIT FRISCHEN KRÄUTERN

PASTA À LA SOPHIA

Die Sardellen wässern, dann abtropfen lassen, mit einer Gabel zerdrücken und unter die zimmer-warme Butter mischen. Zitronensaft und grob gemahlenen Pfeffer dazu geben. Die Masse zu einer Kugel formen und im Kühlschrank fest werden lassen. Den Knoblauch schälen und zerdrücken. Frische Tomaten überbrühen, abziehen, den Stielansatz entfernen und das Frucht-fleisch zerdrücken. Die Petersilie waschen, trockentupfen und hacken.

In einer Pfanne das Olivenöl erhitzen und den Knoblauch darin andünsten. Tomaten und Lorbeerblatt dazugeben, mit Salz und Pfeffer würzen und 10–12 Minuten köcheln. Vom Herd nehmen und die Petersilie unterrühren.

Penne al dente kochen. Die Sardellen-Butter in die Servierschüssel geben und die heißen Nudeln darüber geben, gründlich vermengen. Die Penne mit einem großen Klecks Tomatensauce sofort servieren.

ZUTATEN

5–8 Sardellenfilets, in Öl eingelegt

5 EL Butter, zimmerwarm

2 EL Zitronensaft

Pfeffer

2 Knoblauchzehen

300 g Tomaten frisch oder
   aus der Dose

2 EL glatte Petersilie, gehackt

2 EL Olivenöl

1 Lorbeerblatt

Salz

500 g Penne

PASTA À LA SOPHIA

SPAGHETTINI MIT SEPIA

Die Sepia-Tuben unter fließendem kalten Wasser abspülen, trockentupfen und in 5 mm breite Streifen schneiden. Zwiebel und Knoblauch schälen und fein würfeln. Basilikumblättchen waschen, trockentupfen und in feine Streifen schneiden.

Olivenöl in einer Pfanne erhitzen und Zwiebel und Knoblauch darin glasig schwitzen. Die Sepiastreifen zugeben und unter Rühren ca. 3–4 Minuten braten. Mit Weißwein ablöschen und etwa 5 Minuten einkochen lassen. Tomatenwürfel und Basilikumstreifen zugeben und etwa 6–7 Minuten garen. Mit Salz, Pfeffer und Cayennepfeffer herzhaft abschmecken. Spaghettini in reichlich Salzwasser al dente garen, abgießen und in der Pfanne mit der Sepia-Sauce mischen.

ZUTATEN

5–6 Sepia-Tuben, ca. 10–12 cm,
    küchenfertig geputzt

1 mittelgroße Zwiebel

2 Knoblauchzehen

10 Blätter Basilikum

5–6 EL Olivenöl

⅛ l Weißwein

1 Dose gewürfelte Tomaten, 250 g

Salz, Pfeffer

Cayennepfeffer

500 g Spaghettini

PASTA MIT TOMATEN UND INGWER

Zwiebeln und Knoblauch schälen und in feine Würfel schneiden. Ingwer schälen und sehr fein hacken. Die Tomaten brühen, abziehen, Stielansatz entfernen und das Fruchtfleisch würfeln. Die Petersilie waschen, trockentupfen und fein hacken. In einer Pfanne die Butter schmelzen und bei mittlerer Hitze darin Zwiebeln, Knoblauch und Ingwer anschwitzen. Die Tomaten und den Zucker zugeben und etwa 15 Minuten mit Deckel köcheln lassen. Die Sauce mit Salz und Pfeffer abschmecken und mit Petersilie bestreuen.

Die Spaghetti in Salzwasser al dente kochen, abgießen und mit der Sauce vermischen.

ZUTATEN

2 Zwiebeln

2 Knoblauchzehen

1 Stück Ingwer, walnussgroß

3–4 Tomaten

½ Bund Petersilie

50 g Butter

1 TL Zucker

Salz, Pfeffer

500 g Spaghetti

ZUCCHINI-PASTA MIT MANDELN

Die Zucchini waschen, der Länge nach mit einem Sparschäler zuerst schälen und dann weiter längs dünne Scheiben abziehen. Wenn die Zucchini sehr groß sind, die dünnen Scheiben halbieren. Den Knoblauch schälen und in dünne Scheiben schneiden. Basilikum in Streifen schneiden. Rosmarinnadeln abzupfen und fein hacken.

Nudeln in der Mitte durchbrechen und in reichlich Salzwasser al dente garen. 1 Minute vor Ende der Garzeit die Zucchini-Scheiben zu den Nudeln geben. Nudeln und Zucchini abgießen und abtropfen lassen.

In einer Pfanne das Olivenöl erhitzen und Knoblauch, Rosmarin und Mandeln darin anbraten. Nudeln und Zucchini zugeben. Basilikum, Zitronensaft und Crème fraîche zufügen und alles gut vermischen. Mit Salz und Pfeffer abschmecken und kurz erwärmen.

Die Zucchini-Pasta auf Tellern anrichten, mit etwas Olivenöl beträufeln und Parmesan in dünnen Spänen darüber hobeln.

ZUTATEN

400 g schmale Zucchini

2 Knoblauchzehen

1 Bund Basilikum

1 kleiner Zweig Rosmarin

350 g Tagliatelle

6 EL Olivenöl

60 g geschälte und halbierte Mandeln

2 EL Zitronensaft

2 EL Crème fraîche

Salz, Pfeffer

40 g Parmesan

PENNE MIT WEISSEN BOHNEN UND TOMATEN

Die Bohnenkerne über Nacht in reichlich Wasser einweichen, abgießen und gut abtropfen lassen. Die Zwiebeln schälen, eine halbieren, die restlichen in feine Würfel schneiden. Die Rosmarinnadeln fein hacken. Den Knoblauch schälen. In einem Topf Bohnen, Zwiebelhälften und 1 TL Salz in 1 ½ l Wasser 50 Minuten köcheln lassen.

In einer Pfanne das Öl erhitzen und die Zwiebelwürfel glasig andünsten. Rosmarin, Thymian, Lorbeerblätter und die Tomaten dazugeben, dabei die Tomaten grob zerteilen. Die Knoblauchzehe hineinpressen und alles bei schwacher Hitze 20 Minuten köcheln lassen, dann die Bohnen untermischen und mit Salz und Pfeffer abschmecken.

Die Nudeln in reichlich Salzwasser al dente kochen, abgießen und gut abtropfen lassen. Die Penne auf Teller verteilen und die Tomaten-Bohnen-Sauce darüber geben. Nach Geschmack mit Parmesan bestreuen.

ZUTATEN

200 g getrocknete weiße Bohnenkerne

3 Zwiebeln

1 TL frische Rosmarinnadeln

1 Knoblauchzehe

Salz

4 EL Olivenöl

1 TL Thymian

2 Lorbeerblätter

1 Dose geschälte Tomaten, 850 g

250 g Penne

Pfeffer

geriebener Parmesan

PENNE MIT GRÜNEM SPARGEL UND THUNFISCH

Den Thunfisch über einem Sieb abtropfen lassen. Spargel waschen, die harten Enden entfernen, Stangen in 3 cm lange Stücke schneiden. Chili waschen, entkernen und in feine Streifen schneiden. In der Pfanne das Öl erhitzen. Knoblauchzehe in der Schale andrücken, in der Pfanne anbraten und herausnehmen. Spargelstücke anbraten, mit der Gemüsebrühe ablöschen und bei kleiner Flamme köcheln lassen, bis der Spargel bissfest gegart ist. Den abgetropften Thunfisch dazugeben, mit 2 Gabeln zerpflücken und weiter köcheln lassen. Sahne angießen und alles gut verrühren. Die Nudeln in reichlich Salzwasser al dente kochen, abgießen und auf Teller verteilen. Die Spargel-Thunfisch-Sauce mit Chili, Salz und Pfeffer abschmecken und über die Nudeln geben.

ZUTATEN

1 Dose Thunfisch in Öl, 175 g

1 Bund grüner Spargel, dünne Stangen

   (oder Thai-Spargel)

1 kleine rote Chilischote

   (oder 1 kleine rote Paprikaschote)

3 EL Olivenöl

1 Knoblauchzehe

$\frac{1}{8}$ l Gemüsebrühe

200 g Sahne

400 g Penne

Salz, Pfeffer

PENNE MIT RADICCHIO UND PANCETTA

Schalotten und Knoblauch schälen und fein hacken. Pancetta in dünne Streifen schneiden. Die Chili entkernen und hacken. Die Petersilie waschen, trockentupfen und fein hacken. Den Radicchio vierteln, den Strunk und die dicken weißen Blattrippen herausschneiden und nur die roten Blätter in dünne Streifen schneiden. Die Zitrone gründlich waschen, 2 TL Zesten abziehen und fein hacken, Saft auspressen. Die Penne al dente kochen.

In einer Pfanne das Öl erhitzen, bei kleiner Hitze Schalotten und Knoblauch anschwitzen, mit Puderzucker bestäuben und herausnehmen. Bei starker Hitze in der Pfanne Pancetta, Chilischote und Radicchio anrösten und Schalotten und Knoblauch wieder dazugeben. Wein und Brühe angießen und etwas einkochen lassen. Die Sahne dazugeben und einige Minuten köcheln lassen. Crème fraîche, Zitronensaft und Zesten untermischen und mit Salz und Pfeffer abschmecken. Die Penne mit der Sauce mischen und mit Petersilie und gehobeltem Parmesan bestreuen.

ZUTATEN

4 Schalotten	1 TL Puderzucker
2 Knoblauchzehen	1 Glas Weißwein, 100 ml
150 g Pancetta (italienischer Bauchspeck),	150 ml Gemüsebrühe
sehr dünn geschnitten	100 g Sahne
1 rote Chilischote	100 g Crème fraîche
1/2 Bund Petersilie	Salz, Pfeffer
2 Radicchio	Parmesan
1 unbehandelte Zitrone	
400 g Penne	
1 EL Olivenöl	

KANINCHENSAUCE ZU PASTA

Von dem Kaninchenrücken das Fleisch auslösen und in fingerdicke Scheiben teilen. Die Knochen zur Seite legen. Zwiebel und Karotte schälen, Sellerie putzen und alles in feine Würfel schneiden. Den Speck ebenfalls klein würfeln.

In einem Bräter das Öl erhitzen und darin die Gemüsewürfel unter Rühren ca. 5 Minuten anschwitzen. Den Speck zugeben und weitere 4 Minuten braten. Alles herausnehmen und zur Seite stellen. Das Kaninchenfleisch und die Knochen in den Bräter geben und scharf anbraten, dabei gelegentlich umrühren. Nach ca. 5 Minuten mit dem Wein ablöschen und den Bratensatz lösen. Das Gemüse und den Speck wieder in den Bräter geben. Dann die Hühnerbrühe und das Tomatenmark, Salbei, Zimtstange sowie Salz und Pfeffer zugeben und aufkochen lassen. Bei kleiner Hitze ca. 45 Minuten ohne Deckel köcheln lassen. Bei Bedarf etwas Brühe nachgießen. Mit Salz und Pfeffer abschmecken. Die Knochen und die Zimtstange vor dem Anrichten herausnehmen und entsorgen.

Dazu passen Bandnudeln.

ZUTATEN

1 kg Kaninchenrücken

1 große Zwiebel

1 große Karotte

2 Stangen Sellerie

75 g geräucherter Speck in
  dünnen Scheiben

5 EL Olivenöl

125 ml Weißwein

¾ l Hühnerbrühe

2 EL Tomatenmark

1 EL frischer Salbei, gehackt

1 Zimtstange

Salz, Pfeffer

500 g Pasta

REIS-PILAF

REIS-PILAF

Die Zwiebel schälen und in feine Würfel schneiden. Die Minze waschen, trockentupfen, einige Blättchen zur Seite legen, den Rest fein hacken. Die Rosinen ebenfalls fein hacken. Die Pinienkerne in einer Pfanne ohne Fett anrösten. Die Tomaten brühen, abziehen, Stielansatz entfernen und das Fruchtfleisch fein würfeln.

In einem Topf 1 EL Olivenöl erhitzen und die Zwiebelwürfel glasig andünsten. Reis, Rosinen und Safran dazugeben und unter Rühren anschwitzen. Nach 3 Minuten die Gemüsebrühe angießen, mit Salz abschmecken, einmal aufkochen lassen, 15 Minuten mit Deckel und dann weitere 5 Minuten ohne Deckel garen.

Den Joghurt mit einer Prise Salz und Zitronensaft nach Geschmack würzen. Den fertigen Reis mit einer Gabel auflockern und kurz vor dem Servieren Pinienkerne, Tomatenwürfel, Minze, Tamarindenpaste und das restliche Olivenöl unterheben. Den Reis-Pilaf auf Teller geben, mit Minze bestreuen und mit einem Klecks Joghurt anrichten.

ZUTATEN

1 mittelgroße Zwiebel

1 großes Bund Minze

40 g Rosinen

50 g Pinienkerne

200 g Tomaten

3 EL Olivenöl

200 g Parboiled-Langkornreis

10 Safranfäden

400 ml Gemüsebrühe

Salz

150 g griechischer Joghurt, 10 % Fett

Zitronensaft nach Geschmack

2 TL Tamarindenpaste

RISOTTO MIT ROTE BETE

Den Backofen auf 200 °C vorheizen. Die Rote Bete waschen, schälen und vierteln. Die Schalotten schälen, drei grob zerteilen und eine fein würfeln. Den Schnittlauch waschen und in Röllchen schneiden. Die Hühnerbrühe in einem Topf erwärmen. Rote Bete und grob zerteilte Schalotten auf ein Backblech legen, mit 8 EL Olivenöl und dem Balsamico-Essig übergießen und mit Salz und Pfeffer vermischen. Im Backofen 45–60 Minuten garen. $1/3$ der gerösteten Rote Bete in kleine Würfel schneiden, den Rest mit Schalotten, der Flüssigkeit vom Blech und etwas Hühnerbrühe im Mixer pürieren.

In einem Topf 2 EL Öl erhitzen, die gewürfelte Schalotte darin anschwitzen. Den Reis dazugeben und unter Rühren glasig dünsten. Nach und nach die Brühe angießen, immer wieder einkochen lassen und rühren. Wenn der Reis bissfest gegart ist, Rote-Bete-Püree und -Würfel unterrühren. Den Parmesan unterheben und das Risotto cremig rühren, eventuell noch etwas Brühe dazugeben. Mit Salz und Pfeffer abschmecken und mit reichlich Schnittlauch bestreuen.

ZUTATEN

500 g Rote Bete

4 Schalotten

1 Bund Schnittlauch

1 l Hühnerbrühe

10 EL Olivenöl

5 EL Balsamico-Essig

Salz, Pfeffer

200 g Risottoreis

80–100 g geriebener Parmesan

PAPRIKA-KRÄUTER-RISOTTO

Schalotten und Knoblauch schälen und fein hacken. Die Paprika waschen, putzen, entkernen und fein würfeln. Die Kräuter waschen und jeweils 2 EL Minze- und Petersilienblätter fein hacken. Die Zitrone gründlich waschen und 2 TL Zesten abziehen. Von einer halben Zitrone den Saft auspressen. Die Hühnerbrühe erhitzen, Petersilien- und Minzestängel sowie den Rosmarinzweig hinzufügen. In einem Topf die Paprikawürfel in 5 TL Wasser und 5 TL Hühnerbrühe zugedeckt 20 Minuten garen, gelegentlich umrühren. Mit dem Stabmixer pürieren und mit Salz und Pfeffer abschmecken.

Rosmarin, Minze und Petersilienstängel mit dem Schaumlöffel aus der Brühe nehmen. In einem Topf das Öl erhitzen, Schalotten und Knoblauch anschwitzen. Reis, Koriander und Fenchelsamen untermischen. Unter Rühren den Reis glasig werden lassen. Wein und Zesten einrühren und einkochen lassen. Nach und nach Brühe angießen und immer wieder einkochen lassen, dabei ständig rühren.

Wenn der Reis bissfest gegart ist, mit Salz, Pfeffer und Cayennepfeffer abschmecken. Den Topf vom Herd nehmen, Paprikapüree, Butter, 2 EL Zitronensaft, je die Hälfte Minze und Petersilie sowie den Parmesan untermischen. Das Risotto mit den restlichen Kräutern bestreuen.

ZUTATEN

3 Schalotten	Salz, Pfeffer
2 Knoblauchzehen	4 EL Olivenöl
3 rote Paprikaschoten	250 g Risottoreis
1 Bund Minze	$\frac{1}{2}$ TL Koriander, gemahlen
1 Bund Petersilie, glatt	2 TL Fenchelsamen
1 unbehandelte Zitrone	125 ml Weißwein
$1\frac{1}{2}$ l Hühnerfond	1 EL Butter
(möglichst selbst gemacht)	150 g geriebener Parmesan
1 Zweig Rosmarin	Cayennepfeffer

GEMÜSE

GORGONZOLA-BOHNEN MIT AUBERGINEN

Die Bohnen über Nacht in reichlich Wasser einweichen. Die Aubergine waschen. Die Kräuter waschen, trockentupfen, Blättchen und Nadeln abzupfen und fein hacken. Die Bohnen in einem Topf mit Salzwasser etwa 50 Minuten bissfest garen, abgießen und noch heiß mit dem Gorgonzola vermischen, so dass der Käse vollständig schmilzt. Die Kräuter und 4 EL Olivenöl unterrühren und mit Salz und Pfeffer abschmecken.

Die Aubergine längs in dünne Scheiben schneiden, salzen, pfeffern und in Mehl wenden. In einer Pfanne das restliche Öl erhitzen und die Auberginenscheiben von beiden Seiten gold-gelb ausbacken. Die Gorgonzola-Bohnen auf den Auberginenscheiben anrichten und mit frisch gemahlenem Pfeffer bestreuen.

ZUTATEN

250 g kleine getrocknete
   weiße Bohnen

1 kleine Aubergine

1 kleines Bund Salbei

1–2 Zweige Rosmarin

150 g Gorgonzola

8 EL Olivenöl

Salz, Pfeffer

Mehl

AUBERGINEN IN KOKOSMILCH

Die Auberginen waschen und in $^1/_2$ cm dicke Scheiben schneiden. Den Ingwer schälen und reiben. Zwiebel und Knoblauch schälen, die Zwiebel sehr fein würfeln. Chili und Paprika waschen, halbieren, die Kerne entfernen, Paprika in Streifen und die Chili in sehr feine Streifen schneiden.

Salz und Kurkuma mischen und die Auberginenscheiben damit einreiben. Das Öl in einer Pfanne nicht zu heiß werden lassen und die Auberginen auf beiden Seiten braten, ohne dass sie Farbe annehmen. Herausnehmen und auf Küchenkrepp abtropfen lassen.

In der Pfanne das Butterschmalz erhitzen und die Zwiebelwürfel andünsten. Den Knoblauch hineinpressen, Ingwer, Chili und Paprika zugeben und unter ständigem Rühren kurz braten. Die Kokosmilch angießen, umrühren und zum Kochen bringen. Die Auberginen in die Pfanne geben, zugedeckt bei schwacher Hitze 5 Minuten köcheln lassen, bis die Sauce eindickt. Vom Herd nehmen, mit Salz abschmecken und mit Koriandergrün oder Petersilie bestreuen.

ZUTATEN

2 mittelgroße reife Auberginen

1 Stück Ingwer, walnussgroß

1 Zwiebel

1 Knoblauchzehe

1 milde grüne Chilischote

1 milde rote Chilischote

1 rote Paprikaschote

2 EL Koriandergrün oder Petersilie,
   gehackt

Salz

1 TL Kurkuma

6-8 EL Pflanzenöl

2 EL Butterschmalz

1 Dose Kokosmilch, 400 ml

PANIERTE ZUCCHINISCHEIBEN

Die Zucchini waschen und in 1 cm dicke Scheiben schneiden, mit Salz und Pfeffer würzen. Schalotten und Knoblauch schälen und fein hacken. Thymian und Rosmarin waschen, trockentupfen, Blättchen und Nadeln abzupfen und beides getrennt hacken. Die Tomaten mit kochendem Wasser überbrühen, häuten, den Stielansatz entfernen und das Fruchtfleisch würfeln. Die Semmelbrösel mit dem Thymian vermischen.

Die Eier verquirlen. In einer Pfanne 2 EL Olivenöl erhitzen. Die Zucchinischeiben in Ei und Semmelbrösel panieren und in der Pfanne goldgelb ausbacken. Die Schalotten im restlichen Olivenöl in einer Pfanne glasig andünsten und den Knoblauch dazugeben. Die Tomaten hinzufügen und etwa 5 Minuten einkochen lassen. Die Oliven untermischen und mit Rosmarin, Salz und Pfeffer abschmecken. Die ausgebackenen Zucchinischeiben mit der Tomaten-Oliven-Mischung auf Tellern anrichten.

ZUTATEN

3 Zucchini, 750 g

Salz, Pfeffer

4 Schalotten

1 Knoblauchzehe

1 Bund Thymian

3 Zweige Rosmarin

500 g Tomaten

200 g Semmelbrösel

2 Eier

4 EL Olivenöl

4 EL schwarze Oliven, gehackt

PANIERTE ZUCCHINISCHEIBEN

ÜBERBACKENES GEMÜSE

Den Backofen auf 200 °C vorheizen. Die Paprika waschen, in breite Streifen schneiden, dabei Kerne und weiße Innenhäute entfernen. Die Auberginen waschen und in 1 cm dicke Scheiben schneiden. Die Tomaten waschen, halbieren und die Stielansätze herausschneiden. Den Feta würfeln. Die Petersilie waschen, trockentupfen und fein hacken. Den Knoblauch schälen.

Eine feuerfeste Form mit Olivenöl ausstreichen und das Gemüse hineinlegen. Das Weißbrot fein reiben. Brotkrümel und Petersilie vermischen und den Knoblauch dazupressen, mit Salz und Pfeffer würzen. Die Brotmasse auf dem Gemüse verteilen und die Fetawürfel darüber geben, mit Rosmarin bestreuen und den Rosmarinzweig obenauf legen, das Ganze mit 4–5 EL Olivenöl beträufeln und im Backofen 30 Minuten garen.

ZUTATEN

1 kleine rote Paprikaschote

1 kleine grüne Paprikaschote

2 kleine Auberginen

3 reife Tomaten

100 g Feta

1 Bund Petersilie

1 Knoblauchzehe

6 EL Olivenöl

1 Scheibe Weißbrot, vom Vortag

Salz, Pfeffer

1 EL Rosmarin, getrocknet

1 Zweig Rosmarin

ORIENTALISCHE ZUCCHINI

Die Zucchini waschen, halbieren und in ca. 1 cm dicke Scheiben schneiden. Zwiebel schälen und in dünne Ringe schneiden. Die Rosinen in warmem Wasser einweichen und die Pinienkerne ohne Fett in einer Pfanne anrösten.

Olivenöl in einer Pfanne erhitzen und die Zwiebelringe darin goldbraun rösten. Anschließend herausnehmen und die Zucchinischeiben in der Pfanne braun anbraten. Pinienkerne und Rosinen zusammen mit den Zwiebelringen zugeben und mit Salz und Pfeffer abschmecken.

ZUTATEN

1 Zucchini, 500 g

1 große Gemüsezwiebel

50 g Rosinen

50 g Pinienkerne

4 EL Olivenöl

Salz, Pfeffer

ZUCCHINI UND TOMATEN GEBACKEN

Den Backofen auf 200 °C vorheizen. Zwiebeln und Knoblauch schälen und fein würfeln. Tomaten und Zucchini waschen, die Tomaten in Scheiben schneiden, Stielansatz entfernen, die Zucchini längs einschneiden, so dass sie Fächer bilden. Thymian waschen, trockentupfen und die Blätter von den Stielen zupfen. Die Tomatenscheiben pfeffern, salzen und mit Thymian-blättchen bestreuen. Die Zucchinifächer mit den Tomaten füllen und in eine feuerfeste Form legen. Das Lorbeerblatt zerdrücken, darüber streuen und alles mit Olivenöl beträufeln. Im Backofen etwa 30 Minuten garen.

ZUTATEN

2 Zwiebeln

2–3 Knoblauchzehen

3 größere Tomaten

5–6 kleine Zucchini

3 Zweige Thymian

Salz, Pfeffer

1 Lorbeerblatt

6 EL Olivenöl

OMELETTE MIT BRUNNENKRESSE

Den gekochten Schinken in Würfel schneiden. Die Brunnenkresse waschen, trockentupfen, die dicken Stiele entfernen und die Blätter grob hacken. Die Eier in einer Schüssel mit einem Schuss Mineralwasser, Parmesan, Brunnenkresse, Salz und Pfeffer gründlich verquirlen. Die Butter in einer Pfanne erhitzen, die Schinkenwürfel hineingeben und die Eiermischung dazugießen. Den Deckel auflegen und das Omelette etwas 6 Minuten garen. Mit dem Pfannenwender das Omelette zur Hälfte zusammenklappen und anrichten.

ZUTATEN

40 g gekochter Schinken

60 g Brunnenkresse

3 Eier

Mineralwasser

25 g geriebener Parmesan

Salz, Pfeffer

1 EL Butter

AUBERGINE MIT MINZE UND BALSAMICO

Auberginen waschen, mit einem Sparschäler die Schale nur teilweise in Längsstreifen abwechselnd abschälen. Anschließend in 1 cm dicke Scheiben schneiden. Die Zwiebeln schälen und in dünne Ringe schneiden. Minze waschen, trockentupfen, Blättchen abstreifen und in Streifen schneiden. Die Anchovis abspülen, trockentupfen und fein hacken.

Die Auberginenscheiben etwa 2 Minuten in kochendem Wasser blanchieren, herausnehmen und auf Küchenkrepp abtropfen lassen.

1 EL Olivenöl in einer beschichteten Pfanne erhitzen und die Auberginenscheiben bei geschlossenem Deckel braten, bis sie außen gebräunt und innen weich sind, zwischendurch wenden. Auberginen herausnehmen und auf einer Platte nebeneinander ausbreiten. Mit Salz und Pfeffer würzen und in eine Schüssel geben.

2 EL Olivenöl in der Pfanne erhitzen und die Zwiebelringe darin ca. 3 Minuten andünsten. Die Tomaten zugeben und etwa 1 Minute köcheln lassen, mit Salz und Pfeffer abschmecken. Die Tomaten-Zwiebel-Mischung zu den Auberginen geben, vorsichtig Minze und Balsamico unterheben. Etwa 15 Minuten bei Zimmertemperatur ziehen lassen und mit den gehackten Anchovis anrichten.

ZUTATEN

2 große Auberginen

3 mittelgroße Zwiebeln

2 Bund Minze

8 Anchovis-Filets

3 EL Olivenöl

1 große Dose gewürfelte Tomaten,
   800 g

Salz, Pfeffer

2 EL Balsamico-Essig

AUBERGINEN-RÖLLCHEN

Backofen auf 190 °C vorheizen. Auberginen waschen und der Länge nach in ca. 5 mm dicke Scheiben schneiden. Knoblauch schälen und fein würfeln. Rosinen und Pinienkerne hacken. Die Zitrone gründlich abwaschen und Zesten abziehen. Feta-Käse mit einer Gabel zerkrümeln. Für die Füllung 100 g Mozzarella fein würfeln. Restlichen Mozzarella für den Belag in dünne Scheiben schneiden.

Eine Grillpfanne mit etwas Öl ausstreichen und die Auberginenscheiben darin von beiden Seiten weich garen. Zwischendurch so wenden, dass ein Gittermuster entsteht.

Für die Füllung Feta, Parmesan und gewürfelten Mozzarella in eine Schüssel geben. Pinien-kerne, Rosinen, Knoblauch, Zitronenzesten, Petersilie und 2 EL Minze zugeben und alles vermischen. 1 TL Füllung auf je eine Auberginenscheibe geben und fest zusammenrollen.

Eine Auflaufform mit Öl einfetten und die Röllchen hineinlegen. Tomaten darübergießen und Mozzarella-Scheiben darauf verteilen. Mit etwas Olivenöl besprenkeln, eventuell salzen und pfeffern und etwa 30 Minuten backen. Aus dem Ofen nehmen und etwas abkühlen lassen. Auf Tellern anrichten und mit der restlichen Minze bestreuen.

ZUTATEN

2–3 große Auberginen	25 g geriebener Parmesan
1 Knoblauchzehe	2 EL Petersilie, gehackt
50 g Rosinen	3 EL Minze, gehackt
50 g Pinienkerne	400 g passierte Tomaten
1 unbehandelte Zitrone	evtl. Salz, Pfeffer
50 g Feta-Käse	
300 g Mozzarella	
2 EL Olivenöl	

FISCH UND MEERESFRÜCHTE

FRISCHE DORADE

ZANDERFILET MIT ROTE BETE AUS DEM OFEN

Den Backofen auf 200 °C vorheizen. Die Rote Bete mit einer Bürste unter fließendem Wasser gründlich säubern und halbieren. Die Knoblauchzehen in der Schale andrücken. Den Majoran waschen, trockentupfen und die Blättchen abzupfen. Eine feuerfeste Form mit einem großen Stück Alufolie auslegen, Rote Bete und Knoblauch hineingeben, mit Majoranblättchen bestreuen und gut salzen und pfeffern. Balsamico und Olivenöl verrühren, darüber gießen und das Folienpäckchen dicht verschließen. Im Backofen 1 Stunde garen.

Den Fisch in Portionsstücke teilen, leicht salzen und pfeffern und in etwas Mehl wenden. In einer Pfanne das Butterschmalz erhitzen und die Fischfilets auf der Hautseite anbraten, wenden und fertig garen, so dass die Hautseite schön knusprig ist.

Das Folienpäckchen öffnen. Den Knoblauch mit einer Gabel aus der Schale drücken und zusammen mit Rote Bete, etwas von der Garflüssigkeit und den Zanderfilets anrichten.

ZUTATEN

500 g Rote Bete, kleine Knollen

10 Knoblauchzehen

1 Bund frischer Majoran

Salz, Pfeffer

8 EL Balsamico-Essig

8 EL Olivenöl

300 g Zanderfilet, mit Haut

1 EL Butterschmalz

etwas Mehl

WEISSE BOHNEN MIT KABELJAU

Die Bohnenkerne in reichlich Wasser über Nacht einweichen. Zwiebeln und Knoblauch schälen und in feine Würfel schneiden. Die Kräuter waschen, trockentupfen und die Petersilie zupfen und hacken. Tomaten überbrühen, Haut abziehen, Stielansätze entfernen und das Fruchtfleisch grob zerteilen. Den Räucherspeck würfeln.

In einem Topf etwas Olivenöl erhitzen und den Speck darin auslassen, Zwiebeln, Knoblauch und Bohnen kurz anschwitzen. Hühnerbrühe und Wasser angießen, Thymianzweig und Lorbeerblatt hinzufügen und die Tomaten untermischen. Das Ganze mit Deckel etwa 1 Stunde bei geringer Hitze garen. Die Bohnen mit einem Schaumlöffel herausnehmen und beiseite stellen. Die Kräuter entfernen und die Garflüssigkeit bei großer Hitze zu sirupartiger Konsistenz einkochen lassen. Die Bohnen wieder zurück in den Topf geben, vom Herd nehmen, mit Salz und Pfeffer abschmecken und warm stellen.

Die Fischfilets abspülen, trockentupfen und in Stücke teilen. In einer Pfanne etwas Olivenöl erhitzen und die Fischfilets von allen Seiten braten, mit Salz und Pfeffer würzen. Die Bohnen auf Tellern anrichten, die Fischfilets darauf legen und mit Petersilie bestreuen.

ZUTATEN

500 g weiße Bohnen, getrocknet

2 Zwiebeln

2 Knoblauchzehen

1 Bund glatte Petersilie

1 Zweig Thymian

2 Tomaten

150 g Räucherspeck

Olivenöl

1 l Hühnerbrühe

¼ l Wasser

1 Lorbeerblatt

Salz, Pfeffer

750 g Kabeljaufilet

FISCH AUS DEM OFEN MIT SALSA VERDE

Den Backofen auf 180 °C vorheizen. Den Fisch innen und außen säubern, Brustflossen entfernen, die Rückenflosse für die Garprobe dranlassen. Von beiden Seiten jeweils 3x kurz einschneiden. Knoblauch schälen, klein hacken, mit der Petersilie mischen und in die Einschnitte drücken. Innen mit Salz und Pfeffer würzen und die Zitronenscheiben hineinlegen.

3 EL Olivenöl in eine Auflaufform geben und den Fisch hineinlegen. Den Fisch mit etwas Weißwein und restlichem Olivenöl beträufeln, Oliven und Kapern darauf verteilen. Mit Oregano bestreuen. Den Fisch im Ofen 30–35 Minuten garen. Nach 10 Minuten den Fisch mit Essig beträufeln. Nach 30 Minuten die Garprobe machen: Lässt sich die Rückenflosse leicht herausziehen, ist der Fisch gar.

Für die Salsa verde die Petersilie waschen, trockentupfen und die Stiele entfernen. Mit den restlichen Zutaten zusammen im Mixer pürieren.

Den gegarten Fisch tranchieren und mit der Salsa verde anrichten.

ZUTATEN

2 kleine Fische à 500 g	Salsa verde:
(z. B. Dorade, Red Snapper,	1 Bund Petersilie
Seebarsch, Seewolf)	1 kleine Knoblauchzehe
2 Knoblauchzehen	2 EL Kapern
4 EL Petersilie, gehackt	7 grüne Oliven, ohne Stein
2 Scheiben Zitrone	80 ml Olivenöl
Salz, Pfeffer	1 EL Balsamico-Essig
6 EL Olivenöl	Salz, Pfeffer
Weißwein	
100 g grüne Oliven, entsteint	
1 EL Kapern	
2 TL getrockneter Oregano	
3 EL Weißweinessig	

FISCH AUS DEM OFEN MIT SALSA VERDE

FISCH MIT SAFRANFENCHEL

Fenchel putzen, halbieren, den harten Strunk herausschneiden und die Hälften in 3 Stücke teilen. Fenchelgrün fein hacken. Karotte schälen und in Scheiben schneiden. Zwiebeln und Knoblauch schälen und in kleine Würfel schneiden. Die Safranfäden in wenig Weißwein einweichen. Thymian waschen, trockentupfen und Blättchen abzupfen.

In einer Pfanne 4 EL Olivenöl erhitzen. Zwiebeln, Karotte und Knoblauch anschwitzen. Fenchelstücke, Thymian und Lorbeerblatt zugeben, Brühe und Safranfäden in Wein angießen. Mit Salz und Pfeffer würzen und zum Kochen bringen. Bei kleiner Hitze mit Deckel etwa 15 Minuten köcheln lassen, bis der Fenchel gar ist. Fenchel herausnehmen, Honig und restlichen Wein dazugeben und die Flüssigkeit bei großer Hitze auf die Hälfte einkochen lassen. Mit Salz und Pfeffer abschmecken und den Fenchel darin erwärmen.

Butter und 1 EL Olivenöl in einer Pfanne erhitzen. Fischfilets salzen, pfeffern und mit Mehl bestäuben. Filets auf der Hautseite knusprig braten, wenden und fertig garen. Mit Safranfenchel anrichten und mit Fenchelgrün bestreuen.

ZUTATEN

500 g Fenchelknollen	300 ml Hühnerbrühe
1 Karotte	Salz, Pfeffer
2 Zwiebeln	1 TL Honig
2 Knoblauchzehen	1–2 EL Butter
5–10 Safranfäden	4 Fischfilets, mit Haut
100 ml Weißwein	z. B. vom Saibling oder Zander
2 TL Thymianblättchen	Mehl
5 EL Olivenöl	

THUNFISCH-GULASCH

Zwiebel und Knoblauch schälen und in Würfel schneiden. Die Paprikaschote waschen, vierteln, entkernen und in Streifen schneiden. Die Tomaten brühen, häuten, Stielansatz entfernen und das Fruchtfleisch würfeln. Die Chilischote entkernen und in dünne Streifen schneiden. Die Kartoffeln schälen, waschen und würfeln. Den Thunfisch in 2 cm große Würfel teilen. Die Zitrone auspressen. Die Thunfischwürfel mit Zitronensaft, Salz und Pfeffer in einer Schüssel etwa 30 Minuten marinieren.

In einer großen Pfanne das Olivenöl erhitzen und die Zwiebelwürfel glasig andünsten, Knoblauch und Paprikastreifen dazugeben und bei schwacher Hitze ca. 5 Minuten dünsten. Tomaten, Chili, Salz, Pfeffer und das Paprikapulver hineingeben und 10 Minuten bei kleiner Flamme garen. Kartoffeln und Wein zufügen und zugedeckt 10 Minuten weitergaren. Den Thunfisch unterrühren und 5 Minuten gar ziehen lassen.

ZUTATEN

1 große Zwiebel

4 Knoblauchzehen

1 grüne Paprikaschote

500 g Fleischtomaten

1 rote Chilischote

400 g Kartoffeln

500 g Thunfisch, dicke Scheiben

1 Zitrone

Salz, Pfeffer

2 EL Olivenöl

2 TL mildes Paprikapulver

250 ml trockener Weißwein

SEETEUFEL MIT PAPAYA-SALSA

SEETEUFEL MIT PAPAYA-SALSA

Die Papaya halbieren, mit einem Esslöffel die Kerne entfernen, das Fruchtfleisch aus der Schale lösen und sehr klein würfeln.

Ein Dressing aus Sesamöl, 2 EL Pflanzenöl, Sojasauce und 6 EL Limettensaft rühren. Peperoni und Frühlingszwiebeln in feine Ringe schneiden und mit Papaya zum Dressing geben. Mit Salz, Pfeffer und Zucker abschmecken. Knoblauch und Ingwer schälen und in feine Würfel schneiden. Seeteufel in ca. 3 cm dicke Scheiben schneiden. In einer Pfanne das restliche Pflanzenöl erhitzen und die Fischscheiben anbraten. Nach etwa 3 Minuten wenden und Knoblauch, Ingwer, Salz und Pfeffer darauf geben. Den Fisch mit dem restlichen Limettensaft beträufeln und unter mehrmaligem Wenden garen. Den Seeteufel auf Tellern anrichten und die Papaya-Salsa dazu reichen.

ZUTATEN

1 Papaya

2 EL helles Sesamöl

4 EL Pflanzenöl

2 EL helle Sojasauce

7 EL Limettensaft

1 rote Peperoni

2 Frühlingszwiebeln

Salz, Pfeffer

1 Prise Zucker

1 Knoblauchzehe

1 Stück Ingwer, walnussgroß

500 g Seeteufel

SEELACHS MIT BACON UND ESTRAGON

Die Zitrone gründlich waschen, einen Teil der Schale abreiben und Saft auspressen. Estragon waschen, trockentupfen, die Blättchen abzupfen und hacken. Schalotten schälen und sehr fein würfeln.

Fischfilets mit Zitronensaft beträufeln, mit Pfeffer würzen und mit einem Teil der Estragon-blätter bestreuen. Jedes Filet in eine Scheibe Bacon einrollen. Das Olivenöl in einer Pfanne erhitzen. Fischröllchen von allen Seiten 6–7 Minuten garen, herausnehmen und warm stellen.

Schalottenwürfel in der Pfanne glasig anschwitzen, Wein und Zitronensaft angießen und stark einkochen lassen. Sahne zugeben und weiterköcheln, bis die Sauce eine sämige Konsistenz hat. Restliche Estragonblättchen und abgeriebene Zitronenschale nach Geschmack hineinstreuen und mit Salz und Pfeffer abschmecken. Die Fischröllchen in die Sauce geben.

ZUTATEN

1 unbehandelte Zitrone

2–3 Zweige Estragon

1 Schalotte

4 Seelachsfilets à 100 g

Salz, Pfeffer

4 sehr dünne Scheiben Bacon

2 EL Olivenöl

125 ml Weißwein

100 g Sahne

GESCHMORTER THUNFISCH

Den Backofen auf 175 °C vorheizen. Die Tomaten brühen, abziehen, Stielansatz entfernen, entkernen und das Fruchtfleisch klein schneiden. Die Oliven vom Stein schneiden und hacken. Zwiebel und Knoblauch schälen und fein würfeln. Die Kapern fein hacken. Basilikum und Minze waschen, trockentupfen und die Blätter in Streifen schneiden.

Eine feuerfeste Form mit 4 EL Olivenöl ausstreichen, den Thunfisch von beiden Seiten salzen und pfeffern und in die Form legen. Tomaten, Zwiebeln, Knoblauch, Oliven, Kapern und Kräuter auf dem Fisch verteilen und das restliche Olivenöl darüber träufeln. Den Wein angießen und im Backofen auf mittlerer Schiene 18–20 Minuten garen. Eventuell noch einmal mit Salz und Pfeffer abschmecken.

ZUTATEN

500 g große Tomaten

10 schwarze Oliven

1 Zwiebel

2 Knoblauchzehen

1 EL Kapern

1 Bund Basilikum

5 Zweige Minze

6 EL Olivenöl

4 Scheiben Thunfisch à 180 g

Salz, Pfeffer

125 ml Weißwein

FISCH-SAFRAN-SAUCE ZU BANDNUDELN

Die Fischfilets waschen, trockentupfen und quer in 1 cm breite Streifen schneiden. Den Schnittlauch waschen, trockentupfen und in Röllchen schneiden. In einem Topf den Fischfond erwärmen und die Safranfäden hinzufügen. Crème fraîche einrühren und auf die Hälfte einkochen lassen. In einer Pfanne die Butter schmelzen und die Fischstreifen kurz anbraten. Mit Weißwein ablöschen und 4 Minuten zugedeckt köcheln lassen. Den Fisch mit dem Sud in den Topf zum Fond geben, alles aufkochen lassen und mit Cayennepfeffer, Zitronensaft, Salz und Pfeffer abschmecken. Bandnudeln in reichlich Salzwasser al dente kochen, abgießen und auf Teller verteilen. Fisch-Safran-Sauce darübergeben und mit Schnittlauchröllchen und rosa Beeren bestreuen.

ZUTATEN

250 g Rotbarsch-Filet
  (oder einen anderen Fisch)
1 Bund Schnittlauch
½ Glas Fischfond, 200 ml
10 Fäden Safran
2 EL Crème fraîche
1 EL Butter
1 Schuss Weißwein
1 Prise Cayennepfeffer
1 Schuss Zitronensaft
Salz, Pfeffer
400 g Bandnudeln
1 TL rosa Beeren

SALTIMBOCCA VOM SEETEUFEL

Backofen auf 80 °C vorheizen. Fischfilet in sechs etwa daumengroße Stücke teilen. Schalotten schälen und sehr fein würfeln. Die Salbeiblätter waschen und trockentupfen.

Butterflocken ins Eisfach stellen. Den Fisch mit Zitronensaft säuern und leicht pfeffern. Die Stücke mit je einem Salbeiblatt belegen und in je eine Scheibe Parmaschinken wickeln. Butter mit Olivenöl in einer Pfanne erhitzen und die Saltimbocca-Päckchen unter Wenden bei mittlerer Hitze braten, dann herausnehmen und im Backofen warm stellen. Schalottenwürfel in der Pfanne glasig andünsten, mit dem Weißwein ablöschen und einkochen lassen. Sauce mit Salz, Pfeffer und nach Geschmack mit Cayennepfeffer abschmecken, dann die kalten Butterflöckchen einrühren, damit die Sauce sämig wird. Saltimbocca aus dem Ofen nehmen, auf Tellern mit der Sauce anrichten.

Dazu passt Blattspinat.

ZUTATEN

300 g Seeteufel-Filet

1 Schalotte

6 Salbeiblätter

Butterflocken zum Montieren

Zitronensaft

Pfeffer

6 Scheiben Parmaschinken,
   dünn geschnitten

2 EL Butter

1 EL Olivenöl

100 ml Weißwein

Salz

Cayennepfeffer nach Geschmack

GEDÄMPFTER FISCH AUF GEMÜSEBETT

Fenchel putzen und in dünne Streifen schneiden. Lauch putzen, das Grün in 5–6 cm große Stücke teilen und danach in schmale Streifen schneiden. Die Karotte schälen, in 5–6 cm lange Stücke schneiden und dann längs in dünne Stäbchen. Den Ingwer schälen und reiben. Eine Marinade aus Sojasauce und Sesamöl zubereiten und das Gemüse darin etwa 30 Minuten marinieren. Das Gemüse über einem Sieb abgießen, Marinade auffangen, den Ingwer einrühren und beiseite stellen. Das abgetropfte Gemüse in einem Dämpfeinsatz verteilen.

Den Fisch abspülen, trockentupfen und in rechteckige Stücke schneiden. Mit Zitronensaft beträufeln und mit Salz und Pfeffer würzen. Anschließend auf das Gemüse geben und mit Limettenscheiben belegen. Soviel Wasser in einen Topf füllen, dass der Boden ca. 3 cm bedeckt ist. Den Dämpfeinsatz in den Topf stellen, dabei darauf achten, dass er das Wasser nicht berührt. Den Deckel auflegen, das Wasser bei großer Hitze zum Kochen bringen und Gemüse mit Fisch 7–10 Minuten dämpfen. Dabei den Deckel nicht abnehmen.

Gegarten Fisch mit Gemüse auf Tellern anrichten, mit der Marinade beträufeln und mit Schnittlauchröllchen garnieren.

ZUTATEN

1 mittelgroße Fenchelknolle	500 g Viktoriabarsch (oder ein
1 Stange Lauch	anderer fest kochender Fisch)
1 Karotte	2 EL Zitronensaft
1 Stück Ingwer, walnussgroß	Salz
5 EL Sojasauce	Pfeffer, weiß
3 EL helles Sesamöl	1 Limette in Scheiben
1 EL dunkles Sesamöl	Schnittlauchröllchen

WELS IN PROSCIUTTO MIT KRÄUTERLINSEN

Backofen auf 220 °C vorheizen. Mit einer Pinzette eventuell die Gräten aus dem Wels entfernen. Kräuter waschen, trockentupfen und die Blätter fein hacken. Spinat verlesen, mehrfach gründlich waschen, trockenschleudern und grob hacken. Einige Zesten von der Zitronenschale abziehen, dann die Zitrone auspressen. Die Linsen in einem Topf mit Wasser zum Kochen bringen und bei kleiner Flamme ca. 25–30 Minuten garen, bis sie weich sind. Welsfilets leicht pfeffern, mit den Zitronenzesten und Thymianblättchen bestreuen und in je 2 Scheiben Schinken einrollen, so dass nicht das ganze Filet bedeckt ist. In eine Pfanne geben, mit etwas Öl beträufeln und ca. 10 Minuten im Ofen garen, bis der Schinken goldbraun ist.

Die Linsen abgießen, wenig Wasser auffangen und beides wieder in den Topf geben. Mit Salz, Pfeffer und Zitronensaft abschmecken und 5–6 EL Olivenöl zugießen. Kräuter und Spinat zugeben und bei starker Hitze zusammenfallen lassen. Joghurt mit etwas Salz und Pfeffer abschmecken. Den Wels mit den Linsen anrichten und etwas Joghurt über die Linsen geben.

ZUTATEN

4 Welsfilets ohne Haut à ca. 200 g

1 Bund glatte Petersilie

1 Bund Basilikum

1 Bund Minze

1 Bund Thymian

150 g Blattspinat

1 unbehandelte Zitrone

250 g Puy-Linsen

8 Scheiben Prosciutto, sehr dünn
  geschnitten

Olivenöl

200 ml griechischer Joghurt
  (10 % Fett)

Salz, Pfeffer

FRISCHER TINTENFISCH

TINTENFISCHPFANNE

Die Tintenfische auftauen, trockentupfen und in 3–5 cm breite Ringe schneiden. Das Weiße und Hellgrüne vom Lauch waschen und längs in dünne Streifen schneiden. Die Paprika waschen, vierteln, Kerne und Rippen entfernen und in feine Streifen schneiden. Die Sojasprossen in einem Sieb mit kochendem Wasser überbrühen. Den Knoblauch schälen und fein hacken. Basilikum waschen, trockentupfen und die Blätter abzupfen und kleinschneiden.

In einer Pfanne oder einem Wok das Öl sehr stark erhitzen und die Tintenfische scharf anbraten. Hitze etwas reduzieren und Lauch, Paprika, Knoblauch und Chili dazugeben, 2–3 Minuten unter Rühren braten. Mit Soja- oder Fischsauce und Limettensaft ablöschen, Sprossen und Basilikum untermischen und mit Pfeffer abschmecken.

ZUTATEN

450 g kleine Tintenfisch-Tuben
   (Kalamari), tiefgekühlt

1 Stange Lauch

1 kleine rote Paprikaschote

1 kleine gelbe Paprikaschote

150 g Sojasprossen

1 Knoblauchzehe

3 Stiele Basilikum
   (wenn möglich Thai-Basilikum)

4 EL Pflanzenöl

2 getrocknete Chilischoten

2–3 EL Sojasauce
   (nach Geschmack Fischsauce)

4–5 EL Limettensaft

Pfeffer

SCHWERTFISCH MIT BALSAMICO-TRAUBEN-SAUCE

Die Schalotten schälen und in feine Würfel schneiden. Die Trauben waschen, halbieren und gegebenenfalls entkernen. In einem Topf 2 EL Butter erhitzen, die Schalotten darin goldgelb rösten. Mit Balsamico und Hühnerbrühe ablöschen, die Trauben dazugeben und kurz aufkochen. Die Hitze reduzieren und 2 Minuten köcheln lassen. Die Trauben mit einer Schaumkelle herausnehmen und in eine Schüssel geben. Flüssigkeit auf die Hälfte einkochen und mit Salz, Pfeffer und Cayennepfeffer abschmecken. Die restliche Butter unterrühren, die Trauben zurück in den Topf geben und alles leicht auskühlen lassen.

Den Fisch auf beiden Seiten mit Olivenöl einpinseln, salzen und pfeffern. In einer Grillpfanne bei mittlerer Hitze unter mehrmaligem Wenden 8–10 Minuten braten und mit der Balsamico-Trauben-Sauce anrichten.

ZUTATEN

4 Schalotten

500 g blaue Trauben

4 EL Butter

120 ml Balsamico-Essig

500 ml Hühnerbrühe

Salz, Pfeffer

Cayennepfeffer

4 Scheiben Schwertfisch à 175 g

2 EL Olivenöl

SEETEUFEL MIT TOMATEN-SALSA

Die Tomaten brühen, abziehen, Stielansatz entfernen, entkernen und das Fruchtfleisch in kleine Würfel schneiden. Schalotten und Knoblauch schälen und fein hacken. Die Salatgurke schälen, entkernen und fein würfeln. Anchovis, Peperoncini und Kapern fein hacken.

Alle Zutaten mit der Petersilie in einer Schüssel gut vermischen, Balsamico und 6–8 EL Olivenöl zugießen und mit Salz und Pfeffer abschmecken. Die Lotte in ca. 3 cm dicke Scheiben schneiden. In einer Pfanne das restliche Olivenöl stark erhitzen und die Fischscheiben von beiden Seiten garen. Mit Salz und Pfeffer würzen, Fisch auf Teller verteilen und mit der Sauce umgießen.

ZUTATEN

5 reife Tomaten

2 Schalotten

1 Knoblauchzehe

$\frac{1}{2}$ Salatgurke

4 Anchovis-Filets

1 getrocknete Peperoncini

5 EL Kapern

3 EL Petersilie, gehackt

2–3 EL Balsamico-Essig

8–10 EL Olivenöl

Salz, Pfeffer

500 g Seeteufel (Lotte)

KOKOS-GARNELEN AUF FENCHEL-SALAT

Die Garnelen im Kühlschrank auftauen lassen, schälen, halbieren und dabei den schwarzen Darm entfernen. Die Chili halbieren, Kerne herauskratzen und die Schote in feine Streifen schneiden. Den Fenchel putzen, halbieren, den harten Strunk herausschneiden und die Fenchelhälften in sehr dünne Scheiben hobeln. Das frische Fenchelgrün fein hacken.

Aus Essig, Traubenkernöl, Salz, Pfeffer und einer Prise Zucker eine Vinaigrette rühren und den Fenchel unterheben. Gut durchmischen und mindestens 4–5 Stunden ziehen lassen, dabei öfter umrühren.

In einer Pfanne das Öl erhitzen, Garnelen und Chili anbraten. Die Kokosflocken dazugeben und mit Salz und Pfeffer würzen. Die Garnelen wenden und fertig garen. Den Salat auf Tellern anrichten, mit Fenchelgrün bestreuen und die Garnelen darauf legen.

ZUTATEN

250 g Garnelenschwänze, tiefgekühlt

1 rote Chilischote

2 Fenchel

2 EL Sherry-Essig

4 EL Traubenkernöl

Salz, Pfeffer

1 Prise Zucker

4–5 EL Pflanzenöl

3–4 TL Kokosflocken

KOKOS-GARNELEN AUF FENCHEL-SALAT

MARINIERTE GEGRILLTE GARNELEN MIT FELDSALAT

Die Garnelenschwänze schälen, der Länge nach halbieren und dabei den Darm entfernen. Ingwer und Knoblauch schälen und zusammen mit der Peperoni fein hacken. Den Feldsalat verlesen, gut waschen und trockenschleudern.

Das Sesamöl in einem Topf erhitzen, Ingwer, Knoblauch und Peperoni kurz anschwitzen. Den Zucker dazugeben und unter Rühren schmelzen. Mit Sojasauce und 3 EL Limettensaft ablöschen. Die Garnelen in eine Schüssel legen und die heiße Marinade, bis auf 2 Esslöffel, darüber gießen und über Nacht ziehen lassen.

In einer Grillpfanne das Pflanzenöl erhitzen, die Garnelen hineinlegen und unter mehrfachem Wenden etwa 6–7 Minuten braten. Restliche Marinade mit Walnussöl, 1 EL Limettensaft, Salz und Pfeffer verrühren und alles mit dem Feldsalat vermischen. Auf Tellern anrichten und die Garnelen darauf legen.

ZUTATEN

8 Garnelenschwänze, 8 cm lang

1 Stück Ingwer, walnussgroß

1 Knoblauchzehe

1 rote Peperoni

150 g Feldsalat

4 EL Sesamöl

1 EL brauner Zucker

4 EL helle Sojasauce

4 EL Limettensaft

2 EL Pflanzenöl

2 EL Walnussöl

GEGRILLTER FISCH MIT RUCOLA-BOHNEN

Backofengrill vorheizen. Die Bohnen putzen und waschen. Knoblauch schälen, eine Zehe fein hacken. Rucola putzen, waschen, trockenschleudern und grob hacken. Die getrockneten Tomaten hacken, frische Tomaten waschen, halbieren, Stielansatz entfernen, entkernen und das Fruchtfleisch in Würfel schneiden. Die Bohnen in einem Topf in reichlich Salzwasser knackig garen, abgießen und kalt abschrecken.

Fischfilets mit Zitronensaft beträufeln und salzen. Senf, 3 EL Olivenöl, Balsamico, Kapern und $^1/_3$ der getrockneten Tomaten gut vermischen. Knoblauchzehe dazu pressen, alles nochmal gut verrühren und die Masse auf die Fischfilets streichen. Ein Backblech mit 1 EL Olivenöl einfetten und Fischfilets auf der mittleren Schiene des Backofens 10 Minuten grillen.

In einer großen Pfanne 4 EL Olivenöl erhitzen, gehackten Knoblauch und die restlichen getrockneten Tomaten kurz darin andünsten. Bohnen zugeben, erhitzen und mit Salz und Pfeffer abschmecken. Tomatenwürfel und Rucola unter die Bohnen mischen und mit dem Fisch auf Tellern anrichten. Nach Geschmack etwas Parmesan über die Bohnen hobeln.

ZUTATEN

500 g grüne Bohnen

2 Knoblauchzehen

80 g Rucola

60 g getrocknete Tomaten, eingelegt im Glas

3 frische Tomaten

4 Steinbeißerfilets à 125 g

1 Zitrone

Salz, Pfeffer

2 TL grobkörniger Senf

8 EL Olivenöl

1 EL Balsamico-Essig

2 EL Kapern

Parmesan

GEFLÜGEL

HÄHNCHENBRUST MIT APRIKOSENSAUCE

GROSSMUTTERS HUHN

Backofen auf 220 °C vorheizen. Das Huhn innen und außen waschen und trockentupfen. Kartoffeln und Schalotten schälen, Kartoffeln halbieren und Schalotten würfeln. Pfeffer, Salz und Kümmel mischen und damit das Huhn innen und außen einreiben. Die Schenkel und Flügel fest an den Körper binden und je 2 Salbeiblättchen in die Schenkelbeugen legen.

In einer Pfanne die Speckwürfel auslassen und danach die Butter darin schmelzen. Das Huhn in einen Bräter legen und Butter und Speck darüber gießen. Im Backofen auf mittlerer Schiene etwa 20 Minuten braten.

Kartoffeln und Schalotten zugeben und etwas Brühe angießen. Weitere 40 Minuten braten, dabei alle 10 Minuten mit etwas Brühe begießen. Das Huhn aus dem Bräter nehmen, tranchieren und mit der Petersilie bestreuen. Zusammen mit den Kartoffeln und Zwiebeln auf Tellern anrichten.

ZUTATEN

1 großes Huhn, ca. 1,5 kg

500 g kleine Kartoffeln

8 mittelgroße Schalotten

150 g durchwachsener Speck

$\frac{1}{2}$ TL weißer Pfeffer

2 TL Salz

1 TL gemahlener Kümmel

4 Salbeiblätter

30 g Butter

$\frac{1}{4}$ l Hühnerbrühe

1 Bund glatte Petersilie, gehackt

HÄHNCHENBRUST MIT APRIKOSENSAUCE

Das Hähnchenfleisch in 2 cm große Würfel schneiden. Ingwer und Knoblauch schälen und fein hacken, Frühlingszwiebel in dünne Ringe schneiden. Das Zitronengras in 1 cm lange Stücke teilen. Die Hälfte vom Ingwer mit Knoblauch, Zitronengras, Sesamöl und 3 EL Sojasauce verrühren und darin die Hähnchenwürfel mindestens 3 Stunden, besser über Nacht, marinieren. Das Hähnchenfleisch aus der Marinade nehmen und trockentupfen. Die Marinade durch ein Sieb gießen und auffangen. In einer Pfanne das Öl erhitzen und das Hähnchenfleisch unter Wenden garen, zum Schluss etwas Marinade darüber träufeln.

Für die Aprikosensauce den restlichen Ingwer, Sambal Olek, 3 EL Sojasauce, Limettensaft und Aprikosenkonfitüre verrühren und die Zwiebelringe untermischen. Das Hähnchenfleisch mit der Aprikosensauce anrichten.

ZUTATEN

2 Hähnchenbrustfilets à 200 g

1 Stück Ingwer, walnussgroß

1 Knoblauchzehe

1 Frühlingszwiebel

1 Stange Zitronengras

3 EL helles Sesamöl

6 EL helle Sojasauce

3 EL Pflanzenöl

½ TL Sambal Olek

2 EL Limettensaft

2 EL Aprikosenkonfitüre

ORIENTALISCHE HÄHNCHENSCHENKEL

Alle 12 Gewürze in einem Mörser zu feinem Pulver mahlen. Es können auch fertig gemahlene Gewürze verwendet werden. Die Hähnchenunterkeulen mit Salz und Pfeffer einreiben. Zwiebel und Knoblauch schälen und in feine Würfel schneiden. Petersilie oder Koriandergrün waschen, trockentupfen und fein hacken.

Das Öl in einem Bräter erhitzen, die Hähnchenkeulen unter Wenden goldbraun braten und herausnehmen. Zwiebel, $2/3$ Petersilie oder Koriandergrün, Knoblauch und 1 EL der Gewürzmischung unter Rühren anschwitzen, bis die Zwiebel weich ist. Mit Hühnerbrühe ablöschen, die Schenkel wieder dazugeben und weiter 15 Minuten mit Deckel garen. Rosinen, $1/2$–1 TL Harissa sowie Orangenschale untermischen und weitere 5 Minuten köcheln lassen. Die Hähnchenkeulen mit der Sauce auf Tellern anrichten und mit restlicher Petersilie oder Koriandergrün bestreuen.

Für das Harissa alle Zutaten in einer Schüssel vermischen und zu einer glatten Sauce verrühren. 24 Stunden kalt stellen. Die Sauce hält sich, kühl gelagert, mehrere Monate.

ZUTATEN

Gewürzmischung:

1 Zimtstange

1 TL Sesamkörner

1 TL Ingwerpulver

1 TL schwarze Pfefferkörner

1 TL Fenchelsamen

1 TL Korianderkörner

8 Nelken

8 Pimentkörner

8 Kardamomkapseln,
    daraus die Samen

$1/2$ TL Kreuzkümmel

$1/2$ TL zerstoßene Peperoncini

1 Prise Macispulver (Muskatblüte)

8 Hähnchenunterkeulen

Salz, Pfeffer

1 große Zwiebel

2–3 Knoblauchzehen

$1/2$ Bund Petersilie oder
    Koriandergrün

3 EL Olivenöl

500 ml Hühnerbrühe

75 g helle Rosinen

$1/2$–1 TL Harissa (siehe Rezept)

1 TL abgeriebene Orangenschale

Harissa:

2 EL Paprikapulver

2 Msp. Chilipulver

$1 1/2$ TL Salz

$3/4$ TL Kreuzkümmel,
    gemahlen

1 EL Balsamico-Essig,
    weiß

3 EL Olivenöl

$1/2$ TL Knoblauchpulver

ORIENTALISCHE HÄHNCHENSCHENKEL

HÄHNCHENFILET MIT FENCHEL UND KARDAMOM

Die Hähnchenbrustfilets der Länge nach in etwa 1 cm dicke Streifen schneiden, mit Curry und 2–3 EL Öl vermengen und 2 Stunden ziehen lassen. Knoblauch und Schalotten schälen und in feine Würfel schneiden. Die Chili halbieren, entkernen und in feine Streifen schneiden. Die Kardamomkapseln öffnen und die Körner zusammen mit den Fenchelsamen im Mörser fein zerstoßen. In einer Pfanne 2–3 EL Öl erhitzen und die leicht gesalzenen Hähnchenstreifen unter Rühren 10 Minuten scharf anbraten, herausnehmen und warm stellen.

Wieder 2–3 EL Öl erhitzen und darin Knoblauch und Schalotten anschwitzen. Fenchelsamen und Kardamom kurz mitrösten, mit der Sahne ablöschen und aufkochen lassen. Das Hähnchen- fleisch in die Sauce legen und für weitere 10 Minuten köcheln lassen. Mit Salz abschmecken und die Chilistreifen untermischen. Nach Geschmack mit Petersilie oder Koriandergrün bestreuen.

ZUTATEN

2 Hähnchenbrustfilets à 200 g

2–3 EL Currypulver

8–9 EL Pflanzenöl

2 Knoblauchzehen

3–4 Schalotten

1 rote Chilischote, mittelscharf

5 Kardamomkapseln

1 TL Fenchelsamen

Salz

200 g Sahne

Petersilie oder Koriandergrün, gehackt

HÄHNCHENFILET MIT GURKENSAUCE

Die Hähnchenbrustfilets waschen, trockentupfen und in 1–2 cm dünne Streifen schneiden. Die Knoblauchzehen schälen, zwei Zehen fein würfeln, die beiden anderen grob hacken. Die Paprika waschen, vierteln, entkernen und in feine Streifen schneiden. Die Salatgurken schälen, eine in dünne Scheiben schneiden und die andere halbieren, entkernen und fein würfeln. Die Schalotte schälen und grob hacken. Den Ingwer schälen und fein reiben. Die Chilischote halbieren und die Kerne entfernen.

Im Mixer Schalotte, grob gehackten Knoblauch, die Hälfte vom Ingwer und Chilischote mit 3 EL Olivenöl, 3 EL Gemüsebrühe und Reisessig zerkleinern. Mit den Gurkenwürfeln verrühren und mit Salz und Pfeffer abschmecken.

In einer Pfanne 3 EL Olivenöl erhitzen und die Hähnchenfiletstreifen 5 Minuten knusprig braten, salzen, pfeffern und herausnehmen. Paprikastreifen, restlichen Ingwer und die Knoblauchwürfel kurz in der Pfanne anbraten. Das Fleisch wieder zurück in die Pfanne geben, restliche Gemüsebrühe angießen und alles noch einmal 3 Minuten garen.

Das Hähnchenfleisch mit den Gurkenscheiben und der Sauce anrichten.

ZUTATEN

500 g Hähnchenbrustfilet

4 Knoblauchzehen

1 kleine rote Paprika

2 Salatgurken

1 Schalotte

2 Stücke Ingwer, walnussgroß

1 rote Chilischote

6 EL Olivenöl

8 EL Gemüsebrühe

1 EL Reisessig

Salz, Pfeffer

HÄHNCHENSCHENKEL MIT SHERRY-MORCHEL-SAUCE

Die Morcheln gründlich mit Wasser abspülen, in einer Schüssel mit 300 ml kaltem Wasser etwa $\frac{1}{2}$ Stunde einweichen, herausnehmen und das Einweichwasser durch einen Kaffeefilter abgießen und auffangen. Champignons, Austernpilze und Shiitake putzen und in Scheiben schneiden. Den Speck würfeln. Öl in einer Pfanne heiß werden lassen und den Speck darin auslassen. Die Butter darin aufschäumen und die gepfefferten Hähnchenschenkel scharf anbraten, bis sie leicht gebräunt sind. Die Morcheln dazugeben und 2–3 Minuten unter Rühren anschwitzen, den Sherry angießen und einmal aufkochen lassen. Die Hitze reduzieren und die Flüssigkeit auf die Hälfte einkochen lassen. Etwa die Hälfte des Morchel-Einweichwassers und die Sahne angießen und 25 Minuten köcheln, bis die Sauce eindickt und cremig ist. Prüfen, ob die Schenkel gar sind, gegebenenfalls weiter köcheln und nach Bedarf das restliche Morchel-Wasser dazugießen. Die Pilze zugeben, weitere 5 Minuten köcheln und mit Salz und Pfeffer abschmecken.

ZUTATEN

20 g getrocknete Spitzmorcheln

50 g braune Champignons

50 g Austernpilze

50 g Shiitake-Pilze, frisch

70 g Speck

1 EL Pflanzenöl

1 EL Butter

8 Hähnchenunterschenkel

Salz, Pfeffer

300 ml trockener Sherry

300 g Sahne

HÄHNCHEN·LAUCH·ZWETSCHGEN·PFANNE

HÄHNCHEN-LAUCH-ZWETSCHGEN-PFANNE

Falls frische Zwetschgen verwendet werden: waschen, halbieren und entsteinen, falls aus dem Glas: in einem Sieb abtropfen lassen. Das Hähnchenbrustfilet in 2 cm große Würfel schneiden. Die Zitrone gut abwaschen, die Schale abreiben und die Zitrone auspressen. Vom Lauch das Weiße und Hellgrüne gründlich waschen und schräg in dünne Ringe schneiden. Knoblauch und Ingwer schälen und fein würfeln. Die Sprossen waschen und in kochendem Salzwasser kurz blanchieren, mit kaltem Wasser abschrecken und gut abtropfen lassen. Die Aprikosen in etwas warmem Wasser einweichen und in feine Streifen schneiden. Den Koriander im Mörser zerstoßen.

Das Hähnchenfleisch in einer Schüssel mit Zitronenschale, -saft, Sojasauce und Speisestärke vermischen und mindestens 3–4 Stunden marinieren. Das Fleisch in ein Sieb geben und die Marinade auffangen. In einer Pfanne das Öl stark erhitzen und das Hähnchenfleisch 2 Minuten scharf anbraten. Ingwer und Knoblauch hinzufügen und umrühren. Lauch und Aprikosen in die Pfanne geben, mit Curry und Koriander bestreuen und unter Rühren kurz braten. Gemüsebrühe und Marinade angießen und aufkochen, die Hitze reduzieren und Zwetschgen dazugeben. Weitere 2 Minuten garen, mit Sojasauce, Pfeffer und Zucker abschmecken, die Sprossen zugeben und 5 Minuten mit Deckel ziehen lassen. Mit Schnittlauchröllchen bestreuen.

ZUTATEN

250 g Zwetschgen, frisch	1 EL Korianderkörner
oder aus dem Glas	3–4 EL Sojasauce
2 Hähnchenbrustfilets à 200 g	½ TL Speisestärke
1 unbehandelte Zitrone	1–2 EL Pflanzenöl
1 Stange Lauch	1 TL scharfer Curry
1 Knoblauchzehe	¼ l Gemüsebrühe
1 Stück Ingwer, walnussgroß	Pfeffer
100 g Sojasprossen	1 TL brauner Zucker
100 g getrocknete Aprikosen	Schnittlauchröllchen

HÄHNCHENBRUST MIT LAUCH UND SHIITAKE-PILZEN

Die Hähnchenbrustfilets in etwa 1,5 cm große Würfel schneiden. Die Pilze in lauwarmem Wasser einweichen, den harten Stiel abschneiden und die Köpfe vierteln. Vom Lauch das Weiße und Hellgrüne gründlich waschen und schräg in dünne Ringe schneiden. Den Speck würfeln. Sesam- und Pflanzenöl in einer Pfanne oder einem Wok erhitzen. Lauch und Pilze 4–5 Minuten andünsten. Den Speck und dann das Hähnchenfleisch zugeben und scharf anbraten. Mit Sojasauce und Sherry ablöschen, Hitze reduzieren und unter gelegentlichem Rühren fertig garen. Mit Pfeffer und eventuell etwas Sojasauce abschmecken.

ZUTATEN

2 Hähnchenbrustfilets à 200 g

25 g getrocknete Shiitake-Pilze

2 Stangen Lauch

50 g geräucherter
   durchwachsener Speck

1 EL dunkles Sesamöl

1 EL Pflanzenöl

2 EL Sojasauce

2–3 EL trockener Sherry

Pfeffer

HÜHNCHEN MIT CRANBERRIES

Den Backofen auf 220 °C vorheizen. Die Cranberries mit Zucker und Wasser einkochen, bis die Beeren aufplatzen, in ein Marmeladenglas füllen und zur Seite stellen. Das Hähnchen waschen und trockentupfen. Den Apfel schälen, entkernen und würfeln. Zwiebeln und Schalotten schälen, die Zwiebeln in kleine Würfel schneiden. Die Zitrone halbieren und das Hühnchen innen und außen damit beträufeln. Senf, Ahornsirup, Ingwer, Piment, Thymian, Salz und Pfeffer vermischen und das Huhn mit dieser Mischung einreiben. Die Kräuter in die Bauchhöhle des Hähnchens geben und das Geflügel mit der Brust nach unten in den Bräter legen. Schalotten und Äpfel darum verteilen, mit dem Öl beträufeln und 30 Minuten im Backofen braten.

In einem Topf Hühnerbrühe, Orangensaft, Zwiebeln und einige Löffel der Cranberry-Marmelade etwa 20 Minuten einkochen. Das Hähnchen aus dem Ofen nehmen und 1 Tasse der reduzierten Brühe angießen. Die Hitze im Backofen auf 200 °C reduzieren und das Huhn weitere 30 Minuten braten; falls die Haut zu dunkel wird mit Backpapier abdecken. Immer wieder mit der Orangensaft-Cranberry-Brühe übergießen. Zum Schluss die Beine ablösen, neben das Hähnchen legen und alles weitere 10 Minuten im Ofen garen. Das Hähnchen mit der Cranberry-Apfel-Sauce auf Tellern anrichten.

ZUTATEN

170 g frische Cranberries	2 TL Ahornsirup
100 g Zucker	2 TL Ingwerpulver
125 ml Wasser	1 Prise Piment
1 Brathähnchen 1,5 kg	1 TL Thymian
1 großer Apfel	Salz, Pfeffer
2 Zwiebeln	Frische Kräuter zum Füllen: z. B. Petersilie,
16 Schalotten	Oregano, Thymian, Rosmarin
1 Zitrone	2 EL Pflanzenöl
2 TL grober Senf	375 ml Hühnerbrühe
	250 ml frisch gepresster Orangensaft

ENTENBRUST MIT WURZELGEMÜSE

Das Gemüse schälen und in circa 2 cm große Würfel schneiden. Rosmarin und Petersilie waschen, trockentupfen und fein hacken. Die Entenbrustfilets auf der Hautseite mehrfach schräg einschneiden.

In einem Bräter das Öl erhitzen und die Gemüsewürfel darin scharf anbraten. Karotten möglichst zuerst hineingeben, da sie am längsten garen. Rosmarin, Tomatenmark und Lorbeerblätter zufügen und mit dem Rotwein ablöschen. Die Hühnerbrühe angießen, mit Salz und Pfeffer abschmecken und etwa 15 Minuten köcheln lassen.

Die Filets ohne zusätzliches Fett in einer heißen Pfanne auf der Hautseite 4 Minuten braten, wenden und weitere 3–4 Minuten braten. Das Fleisch aus der Pfanne nehmen und in Alufolie gewickelt etwa 5 Minuten ruhen lassen. Entenbrust in Scheiben schneiden und im Bräter auf dem Wurzelgemüse weiter gar ziehen lassen. Mit Salz und Pfeffer abschmecken und mit Petersilie bestreuen.

ZUTATEN

2–3 Karotten	4 Entenbrustfilets à 150 g
¼ Knollensellerie	6 EL Olivenöl
4 rote Zwiebeln	2 EL Tomatenmark
2–3 Pastinaken	3 Lorbeerblätter
2–3 Petersilienwurzeln	300 ml Rotwein
1 Teltower Rübchen	300 ml Hühnerbrühe
2 Zweige Rosmarin	Salz, Pfeffer
1 Bund glatte Petersilie	

Für dieses Rezept eignet sich jede Art von Wurzelgemüse, je nach Saison.

WILDENTE MIT KARAMELLISIERTEM SAUERKRAUT

Den Backofen auf 200 °C vorheizen. Sauerkraut abtropfen lassen und ausdrücken. Die Enten innen und außen salzen und pfeffern, mit der Brust nach oben in den Bräter legen und mit den Speckscheiben belegen. Die Enten im Backofen 35 Minuten garen. Den Speck abnehmen und die Enten weitere 20 Minuten ohne Deckel bräunen.

Die Schalotten schälen und in einem Topf mit Butter und Schmalz andünsten. Das Sauerkraut und die zerdrückten Wacholderbeeren dazugeben, Wein und Apfelsaft angießen und mit Deckel leicht köcheln, bis der Wein verdampft ist. Den Honig untermischen und bei großer Hitze karamellisieren, bis das Kraut goldbraun ist, dabei immer wieder rühren. Mit Salz und Pfeffer abschmecken und mit den Enten anrichten.

ZUTATEN

350 g Sauerkraut

2 Wildenten, küchenfertig

Salz, Pfeffer

4 große Scheiben fetter Speck

2–3 Schalotten

1 EL Butter

1 EL Schmalz

20 Wacholderbeeren

50 ml Weißwein

50 ml Apfelsaft

2 EL Honig

ENTENKEULEN MIT WEISSEN BOHNEN UND ÄPFELN

Die Entenkeulen waschen und trockentupfen. Die Zwiebeln schälen, halbieren und in dünne Scheiben schneiden. Die Äpfel schälen, vierteln, das Kerngehäuse herausschneiden und würfeln. Den Salbei waschen, trockentupfen und in schmale Streifen schneiden. Die Bohnen in einem Sieb abtropfen lassen.

In einem Bräter das Gänseschmalz erhitzen. Die Entenkeulen salzen und pfeffern und unter Wenden scharf anbraten, herausnehmen und zur Seite stellen. Die Hitze reduzieren, Zwiebel-scheiben und ⅔ der Apfelwürfel anschwitzen, die Keulen wieder zurück in den Bräter geben, die Hühnerbrühe angießen und etwa 1 Stunde schmoren lassen. Bohnen, restliche Apfelwürfel und Salbei zu den Keulen geben, den Wein angießen und mit Deckel weitere 30 Minuten köcheln lassen. Falls der Eintopf zu flüssig ist, den Deckel abnehmen. Mit Pfeffer und Salz abschmecken und mit der gehackten Petersilie bestreuen.

ZUTATEN

4 Entenkeulen

2 Zwiebeln

3 Äpfel, z. B. Boskop

10 Salbeiblätter

2 kleine Dosen weiße Bohnen à 425 g

2 EL Gänseschmalz

Salz, Pfeffer

¼ l Hühnerbrühe

100 ml Weißwein

Petersilie, gehackt

ENTENKEULEN MIT FENCHEL-ORANGEN-GEMÜSE

Den Backofen auf 220 °C vorheizen. Eine Orange gründlich waschen, Zesten abziehen, die Orange schälen und filetieren. 1 $\frac{1}{2}$ Orangen auspressen. Thymian waschen, trockentupfen und die Blättchen von den Stielen streifen. Die Schalotten schälen und in feine Würfel schneiden, den Knoblauch in der Schale andrücken. Den Fenchel putzen und vierteln, den harten Strunk herausschneiden und die Viertel fein hacken. Die Zitrone auspressen.

Die Entenkeulen salzen. Saft einer halben Orange, Honig und 2 TL Thymianblätter verrühren und die Keulen mit dieser Mischung bepinseln. In einen Bräter legen und im Backofen, je nach Größe der Keulen, mindestens 45 Minuten garen. Eventuell den Deckel auflegen, damit die Keulen nicht zu dunkel werden.

In einer Pfanne die Butter erhitzen, Schalotten, Knoblauch, Fenchel, Orangenzesten und restliche Thymianblättchen andünsten. Mit Wein und Brühe ablöschen, aufkochen und auf die Hälfte einkochen lassen. Mit restlichem Orangensaft, Zitronensaft, Salz und Pfeffer abschmecken, die Orangenfilets untermischen und warm werden lassen. Die Entenkeulen mit dem Fenchel-Orangen-Gemüse anrichten.

ZUTATEN

3 unbehandelte Orangen

6–8 Zweige Thymian

4 Schalotten

2 Knoblauchzehen

1 Fenchelknolle

1 Zitrone

4 Entenkeulen

Salz, Pfeffer

2 EL Honig

1 EL Butter

300 ml Weißwein

500 ml Hühnerbrühe

PFANNENGERÜHRTE ENTENBRUST

Die Entenbrust waschen, trockentupfen und quer in 1 cm dicke Scheiben schneiden. Die Schalotten schälen und fein würfeln. Den Ingwer schälen und reiben. Die Orange gründlich waschen, 1 EL Schale abreiben oder Zesten abziehen und den Saft auspressen. Das Weiße und Hellgrüne der Frühlingszwiebel in dünne Ringe schneiden. Die Chilischote waschen, halbieren, entkernen und in dünne Streifen schneiden. In einer Pfanne oder einem Wok die Öle stark erhitzen. Die Entenstücke 3–4 Minuten unter Rühren anbraten. Schalotten und Ingwer hinzufügen und weitere 2 Minuten braten. Zimt, Orangenschale, -saft, Hühnerbrühe, Honig, Sake, Sojasauce und Chilischote dazugeben und bei großer Hitze unter Rühren fertig garen. Mit Sojasauce und Pfeffer abschmecken. Die Entenbrust mit Zwiebelringen bestreuen.

Dazu passt Basmati-Reis.

ZUTATEN

2 Entenbrustfilets

3–4 Schalotten

1 Stück Ingwer, walnussgroß

1 unbehandelte Orange

1 Frühlingszwiebel

1 rote Chilischote, mild

2 EL helles Sesamöl

2 EL Pflanzenöl

1 Msp. Zimt

75 ml Hühnerbrühe

1 EL Honig

2–3 EL Sake (japanischer Reiswein)

2 EL Sojasauce

Pfeffer

FLEISCH

LAMMKEULE MIT GRÜNER SAUCE

SCHWEINEGULASCH MIT ORANGEN UND KARDAMOM

Das Schweinefleisch in Würfel schneiden. Schalotten und Knoblauch schälen, Knoblauch fein würfeln, Schalotten ganz lassen. Die Orange gut waschen, beide Enden abschneiden, halbieren, in dünne Scheiben teilen und daraus kleine Stücke mit Schale schneiden. Kardamom- und Fenchelsamen im Mörser zerstoßen.

In einem Bräter das Olivenöl erhitzen, das Fleisch scharf anbraten, salzen, pfeffern und die zerstoßenen Samen dazugeben. Das Fleisch herausnehmen und zur Seite stellen. Schalotten und Orangenstücke im Bräter scharf anbraten, das Fleisch wieder zurück geben, Knoblauch und Lorbeerblätter zufügen. Mit Sherry und Sojasauce ablöschen, die Brühe angießen und mit Deckel etwa 30 Minuten schmoren lassen. Mit Salz, Pfeffer und Cayennepfeffer abschmecken.

ZUTATEN

500 g Schweinefleisch, vom Nacken
   oder Kamm

10 kleine Schalotten

4 Knoblauchzehen

1 unbehandelte Orange

1/2 TL Kardamomsamen

1/2 TL Fenchelsamen

2 EL Olivenöl

Salz, Pfeffer

2 Lorbeerblätter

75 ml Sherry

4 EL Sojasauce

200 ml Gemüsebrühe

Cayennepfeffer

SCHWEINEFILET MIT MANGOLD UND PAPRIKA

Das Schweinefilet häuten und in 2 mm dünne Scheiben schneiden. Die Filetscheiben in einer Schüssel mit dem 5-Gewürze-Pulver vermengen und 30 Minuten ziehen lassen. Den Mangold putzen, waschen und quer in 2 cm breite Streifen schneiden. Die Paprika waschen, vierteln, entkernen und in schmale Streifen schneiden. Die Schalotten schälen, halbieren und in dünne Ringe schneiden.

In einer Pfanne Sesam- und Pflanzenöl erhitzen und die Schalotten glasig andünsten. Das Filet dazugeben und unter Rühren etwa 3–4 Minuten braten. Mangold und Paprika dazugeben, die Hühnerbrühe angießen und mit Sherry oder Reisessig und Sojasauce würzen. Bei mittlerer Hitze etwa 15 Minuten garen, bei Bedarf noch etwas Brühe angießen. Mit Sojasauce und Pfeffer abschmecken.

ZUTATEN

500 g Schweinefilet

1 TL 5-Gewürze-Pulver

   (siehe Rezept Asiatischer Hühnersalat, Seite 22)

400 g Mangold

1 rote Paprikaschote

1–2 Schalotten

2 EL Sesamöl

3 EL Pflanzenöl

75 ml Hühnerbrühe

3 EL Sherry oder Reisessig

4 EL Sojasauce

Pfeffer

SCHWEINELENDCHEN MIT HEIDELBEER-SALSA

Von der Schweinelende die Häute entfernen. Die Chilischote halbieren, entkernen und fein hacken. Die Limone gut waschen, Zesten abziehen und Saft auspressen. Den Ingwer schälen und reiben. Die Heidelbeeren waschen und gut abtropfen lassen.

Mit dem Mixer die Hälfte der Heidelbeeren pürieren. Die restlichen Heidelbeeren mit Limonenzesten, -saft, Ingwer und Chili in eine Schüssel geben, vermischen und 1 Stunde ziehen lassen. Vor dem Servieren unter Rühren langsam Olivenöl und Heidelbeerpüree untermischen und mit Salz und Pfeffer abschmecken.

In einer Pfanne Butterschmalz erhitzen, das Fleisch mit Salz und Pfeffer einreiben und von allen Seiten anbraten, bei kleiner Hitze fertig garen. In Alufolie wickeln, 5 Minuten ruhen lassen, in Scheiben schneiden und mit der Heidelbeer-Salsa servieren.

ZUTATEN

500 g Schweinelende

1 rote Chilischote

1 unbehandelte Limone

1 Stück Ingwer, walnussgroß

250 g frische Heidelbeeren oder
   tiefgekühlt

2–3 EL Olivenöl

Salz, Pfeffer

Butterschmalz zum Braten

SCHWEINELENDCHEN MIT HEIDELBEER-SALSA

SCHWEIN MIT INGWER UND STERNANIS

Die Shiitake-Pilze in heißem Wasser quellen lassen, abgießen und die Stiele herausschneiden. Schweinefleisch in 2 cm große Würfel schneiden. Den Ingwer schälen und reiben. Schalotten und Knoblauch schälen und in dünne Scheiben schneiden. Die Frühlingszwiebeln putzen, das Weiße und Hellgrüne in dünne Ringe schneiden.

In einer tiefen Pfanne Pflanzenöl erhitzen. Das Fleisch von beiden Seiten scharf anbraten, herausnehmen und zur Seite stellen. Zucker in der Pfanne unter Rühren schmelzen, Sojasauce und Reiswein angießen und den Bratensatz loskochen. Fleisch, Ingwer, Knoblauch, Schalotten, Pilze, Sternanis und Zimtstangen in die Pfanne geben und so viel Wasser angießen, dass alle Zutaten bedeckt sind. Mit Deckel 1 Stunde schmoren, bis das Fleisch weich und die Flüssigkeit eingekocht ist. Eventuell ohne Deckel noch etwas weiterköcheln. Mit Salz abschmecken, mit Sesamöl beträufeln und mit Frühlingszwiebeln bestreuen.

ZUTATEN

10 getrocknete Shiitake-Pilze

800 g Schweinefleisch,
   vom Nacken oder Kamm

1 Stück Ingwer, walnussgroß

4 Schalotten

4 Knoblauchzehen

4 Frühlingszwiebeln

4 EL Pflanzenöl

2 EL brauner Zucker

125 ml Sojasauce

125 ml Reiswein

4 Stücke Sternanis

3 Zimtstangen

Salz

1 EL Sesamöl

BALSAMICO-HONIG-KANINCHEN

Zwiebel schälen und in Ringe schneiden. Knoblauch schälen und halbieren. Thymian und Petersilie waschen und grob hacken. Alles zusammen mit Lorbeerblättern, Pfefferkörnern und Weißwein aufkochen lassen. Mit Salz abschmecken und lauwarm abkühlen lassen.

Die Kaninchenkeulen waschen, trockentupfen und halbieren. Zusammen mit der Marinade in eine Schüssel geben und über Nacht darin ziehen lassen.

Sellerie und Karotten putzen, schälen und in Scheiben schneiden. Die Zwiebel schälen und fein hacken.

Die Kaninchenkeulen aus der Marinade nehmen. Die Marinade durchsieben und zur Seite stellen. Das Fleisch trockentupfen, mit Salz und Pfeffer würzen und leicht in Mehl wenden. Öl in einem Bräter erhitzen und das Fleisch von allen Seiten braun anbraten. Dann aus dem Bräter heben und Zwiebel, Sellerie und Karotten darin dünsten. Kapern, Oliven, Rosinen und Pinienkerne zugeben und das Fleisch wieder in den Bräter legen. Von der Marinade $\frac{1}{4}$ l zugießen. Mit Deckel bei kleiner Flamme ca. 30 Minuten schmoren, dann Essig und Honig einrühren und weitere 20 Minuten schmoren. Mit der Petersilie bestreuen.

ZUTATEN

Marinade:	4 Kaninchenkeulen	1–2 EL Kapern
1 Zwiebel	2 Stangen Sellerie	2 EL schwarze Oliven,
2 Knoblauchzehen	2 Karotten	gehackt
3 Zweige Thymian	1 Zwiebel	2 EL Rosinen
$\frac{1}{2}$ Bund glatte Petersilie	$\frac{1}{2}$ Bund Petersilie, gehackt	2 EL Pinienkerne
3 Lorbeerblätter	Salz, Pfeffer	4 EL weißer
1 TL Pfefferkörner	etwas Mehl zum Bestäuben	Balsamico-Essig
400 ml Weißwein,	6 EL Olivenöl	2 EL Honig
z.B. Chardonnay		
Salz		

KALBSKOTELETTS PIZZAIOLA

KALBSKOTELETTS PIZZAIOLA

Die Tomaten überbrühen, abziehen, Stielansatz entfernen, entkernen und das Fruchtfleisch in Würfel schneiden. Die Knoblauchzehe schälen. Die Koteletts salzen, pfeffern und am Fettrand einschneiden. In einer Pfanne das Öl erhitzen und die Koteletts von beiden Seiten je 4 Minuten scharf anbraten. Das Fleisch aus der Pfanne nehmen und warm stellen. Die Tomaten in die Pfanne geben, den Knoblauch dazupressen und kurz andünsten. Den Wein angießen und getrockneten Oregano dazugeben. Die Sauce 5–6 Minuten köcheln lassen und mit Salz und Pfeffer abschmecken. Die Koteletts zurück in die Sauce geben und bei kleiner Hitze auf jeder Seite 10 Minuten schmoren. Auf Teller geben und mit den frischen Oreganoblättchen bestreuen.

ZUTATEN

3 Tomaten

1 Knoblauchzehe

4 Kalbskoteletts à 200 g

Salz, Pfeffer

3 FL Olivenöl

100 ml Wein, weiß oder rot

$\frac{1}{2}$ TL getrockneter Oregano

1–2 EL frische Oreganoblättchen

GESCHMORTE BEINSCHEIBEN MIT GETROCKNETEN TOMATEN UND GREMOLATA

Backofen auf 200 °C vorheizen. Essig mit Wasser auf 1 Liter auffüllen, darin die getrockneten Tomaten mindestens 3 Stunden wässern. Anschließend abspülen und in dünne Streifen schneiden. Knoblauch schälen, zwei Knoblauchzehen grob, eine sehr fein hacken. Zwiebeln schälen, Zitrone gründlich abwaschen und Zesten abziehen. Die Haxenscheiben in Mehl wenden, etwas abklopfen, salzen und pfeffern. In einem Bräter das Öl erhitzen und das Fleisch von beiden Seiten scharf anbraten. Zwiebeln und den grob gehackten Knoblauch, Tomaten, Lorbeerblätter und Thymian zugeben. Weißwein und Brühe angießen. Den Deckel auflegen und ca. 2 Stunden im Backofen schmoren, nach ca. 1$^{1}/_{2}$ Stunden eventuell etwas Wein oder Wasser nachgießen.

Für die Gremolata die Petersilie sehr fein hacken und mit den Zitronenzesten und dem fein gehackten Knoblauch vermischen.

Die Kalbshaxe mit der Sauce anrichten und mit Gremolata bestreuen.

ZUTATEN

$^{1}/_{8}$ l Weißweinessig

50 g getrocknete Tomaten

3 Knoblauchzehen

12 kleine Zwiebeln

1 unbehandelte Zitrone

1,5 kg Kalbshaxe, vom Metzger in ca. 3 cm
   dicke Scheiben geschnitten

etwas Mehl

Salz und Pfeffer

3 EL Olivenöl

2 Lorbeerblätter

2 Zweige Thymian

$^{1}/_{8}$ l Weißwein

$^{1}/_{8}$ l Fleischbrühe

$^{1}/_{2}$ Bund Petersilie

MAROKKANISCHER LAMMTOPF

Die Lammschulter oder -keule von Häuten und Fett befreien und das Fleisch in 3 cm große Würfel schneiden. Zwiebel und Knoblauch schälen und fein würfeln. Die Datteln halbieren und den Kern entfernen. Die Feigen ja nach Größe halbieren oder vierteln. Alle Gewürze mit dem Mehl vermischen. Die Gewürzmischung mit den Händen gründlich in die Fleischwürfel einmassieren.

In einem Bräter das Olivenöl erhitzen und die Lammwürfel bei mittlerer Hitze unter Rühren anbraten, die Zwiebelwürfel hinzufügen und glasig anschwitzen, dann den Knoblauch zugeben. Brühe und Wein angießen und die Zimtstange dazugeben. Bei kleiner Hitze mit Deckel etwa 1 Stunde garen, bis das Fleisch zart ist. Datteln, Feigen und Oliven untermischen, bei Bedarf noch etwas Wein oder Brühe angießen und weitere 15–20 Minuten ohne Deckel köcheln. Wenn nötig mit Salz abschmecken, auf Tellern anrichten und nach Geschmack mit Petersilie oder Koriandergrün bestreuen.

ZUTATEN

1,5 kg Lammschulter	1 TL Pfeffer
oder Lammkeule	½ TL Salz
1 Zwiebel	1 EL Mehl
2 Knoblauchzehen	4–5 EL Olivenöl
12 frische Datteln	500 ml Rinderbrühe
10 getrocknete Feigen	250 ml Rotwein
½ TL Cayennepfeffer	1 Zimtstange
2 TL Ingwerpulver	20 grüne Oliven, ohne Stein
2 TL Korianderpulver	Petersilie oder Koriandergrün,
2 TL Anispulver	gehackt

LAMM-MEDAILLONS MIT ROSINENSAUCE

Den Backofen auf 160 °C vorheizen. Die Rosinen 15 Minuten in 100 ml Rotwein einweichen. Schalotten schälen und fein würfeln. Knoblauch in der Schale andrücken. Thymian und Rosmarin waschen, trockentupfen, Blättchen und Nadeln abzupfen und fein hacken.

Das Fleisch pfeffern, in Thymian wenden und jedes Medaillon mit einer Scheibe Speck umwickeln. 3 EL Olivenöl in einer Pfanne erhitzen und das Fleisch scharf anbraten. Knoblauch und Rosmarin dazugeben, Medaillons wenden und weitere 2 Minuten braten. Ein Backblech mit 2 EL Olivenöl einfetten, das Fleisch aus der Pfanne darauf legen und 10–12 Minuten im Backofen garen.

Die Schalotten in der Pfanne anbraten, Tomatenmark dazugeben und unter Rühren etwas anrösten. Die Rosinen abgießen, Rotwein dabei auffangen. Mit restlichem Rotwein und Lammfond ablöschen und 10 Minuten einkochen lassen. Die Rosinen grob hacken, in die Sauce geben und mit Salz und Pfeffer abschmecken. Das Fleisch aus dem Backofen nehmen, kurz ruhen lassen und mit der Sauce überziehen.

ZUTATEN

75 g Rosinen

350 ml Rotwein

2 Schalotten

2 Knoblauchzehen

8 Zweige Thymian

2 Zweige Rosmarin

8 Lamm-Medaillons à 80 g, aus dem
    Rücken, küchenfertig gehäutet

Pfeffer

8 Scheiben geräucherter Speck

4–5 EL Olivenöl

1 TL Tomatenmark

200 ml Lammfond

Salz

LAMMKEULE MIT GRÜNER SAUCE

Von der Lammkeule alles Fett und Häute entfernen. Suppengrün putzen, Zwiebeln schälen und alles grob zerteilen. Die Karotten schälen und in grobe Würfel schneiden. Lorbeerblätter, Thymian, Karotten, Zwiebeln, Pimentkörner und das Suppengrün in einen Bräter geben. Die Lammkeule darauf legen, mit Wasser bedecken und mit Salz und Pfeffer würzen. Mit Deckel einmal aufkochen lassen und bei kleiner Hitze rosa garen. Pro Kilogramm Fleisch rechnet man etwa 30 Minuten.

Für die Grüne Sauce Schalotten schälen und Kapern abspülen. Die Zitrone gut waschen, Zesten abziehen und $\frac{1}{2}$ Zitrone auspressen. Schalotten, Kapern, Zitronenzesten, Senf, Petersilie und Minze in einem Mixer pürieren, dabei langsam das Sonnenblumenöl zugießen. Die Sauce in eine Schüssel geben und mit Zitronensaft, Salz, Pfeffer und Zucker abschmecken und kühl stellen.

Die Keule aus dem Sud nehmen, in Alufolie wickeln und 20 Minuten ruhen lassen. In Scheiben schneiden und mit der Grünen Sauce anrichten.

ZUTATEN

1 Lammkeule mit Knochen	Grüne Sauce:
1–2 Bund Suppengrün	2–3 Schalotten
(Lauch, Sellerie, Petersilie)	1 EL Kapern
2 Zwiebeln	1 unbehandelte Zitrone
2 Karotten	1 EL Dijonsenf
2–3 Lorbeerblätter	$\frac{1}{2}$ Bund Petersilie, gehackt
2–3 Zweige Thymian	$\frac{1}{2}$ Bund Minze, gehackt
10 Pimentkörner	5–6 EL Sonnenblumenöl
Salz, Pfeffer	Salz, Pfeffer
	1 Prise Zucker

WILDGULASCH MIT FEIGEN

Das Fleisch in daumengroße Stücke schneiden. Die Zwiebeln schälen und grob würfeln. Die Karotten schälen und fein würfeln. Die Wacholderbeeren im Mörser zerstoßen. Die Feigen, je nach Größe, vierteln oder halbieren.

In einem Bräter Butterschmalz erhitzen und das Fleisch unter gelegentlichem Rühren scharf anbraten. Zwiebeln und Karotten dazugeben und mitdünsten. Mit Salz, Pfeffer, Lorbeerblatt und Wacholderbeeren würzen. Wein und Brühe angießen, aufkochen lassen, Feigen zugeben und mit Deckel bei kleiner Hitze etwa 1 Stunde schmoren, den Senf einrühren und weitere 15–20 Minuten ohne Deckel köcheln lassen. Mit Salz, Pfeffer und nach Geschmack mit etwas Cognac abschmecken.

ZUTATEN

1 kg Gulasch von Hirsch,
   Reh oder Wildschwein

5 6 kleine Zwiebeln, 250 g

2 Karotten

10 Wacholderbeeren

150 g getrocknete Feigen

2–3 EL Butterschmalz

Salz, Pfeffer

1 Lorbeerblatt

200 ml Rotwein

250 ml Fleischbrühe

2 TL Dijonsenf

etwas Cognac nach Geschmack

HIRSCHBRATEN MIT ROTKRAUT

Die Schalotten schälen. Die Tomaten überbrühen, abziehen, Stielansatz entfernen, entkernen und würfeln. Das Fleisch mit Salz und Pfeffer einreiben. Das Öl in einem Bräter erhitzen und die Hirschkeule von allen Seiten scharf anbraten. Schalotten, Tomaten, Lorbeerblätter und Wein dazugeben und mit Deckel bei kleinster Flamme $1\frac{1}{2}$–2 Stunden schmoren. Die letzten 20 Minuten den Deckel abnehmen und den Bratensaft einkochen. Braten herausnehmen und Bratensaft mit Crème Double binden. Die Sauce mit Salz und Pfeffer abschmecken und den Braten in Scheiben schneiden.

Die Zwiebel schälen und in feine Würfel schneiden. Den Apfel schälen und in kleine Stücke schneiden. Die Pimentkörner im Mörser zerdrücken. In einem Topf das Schmalz erhitzen und Zwiebel, Apfel, Piment und Lorbeerblätter andünsten. Das Kraut dazugeben und mit etwas Rotwein, Salz, Pfeffer, Zucker und Preiselbeergelee abschmecken. Mit Deckel mindestens 30 Minuten ziehen lassen. Maronen halbieren, auf das Rotkraut legen und mitziehen lassen. Das Rotkraut mit dem Hirschbraten servieren.

ZUTATEN

Hirschbraten:

12 kleine Schalotten

3 Tomaten

1 kg ausgelöste Hirschkeule

Salz, Pfeffer

4 EL Pflanzenöl

2 Lorbeerblätter

300 ml Rotwein, z. B. Barolo

2 EL Crème Double

Rotkraut:

1 große Zwiebel

1 mürber Apfel

5 Pimentkörner

3–4 EL Schweineschmalz

1–2 Lorbeerblätter

1 Glas Rotkraut

etwas Rotwein, z. B. Barolo

Salz, Pfeffer

1 Prise Zucker

2–3 EL Preiselbeergelee

12 Maronen, vorgegart im Glas
    oder vakuumverpackt

REHGULASCH MIT ROTKOHL

Den Rotkohl putzen, waschen, vierteln, Strunk und äußere Blätter entfernen und die Viertel in feine Streifen schneiden. Den Speck würfeln. Die Zwiebel schälen und fein hacken. Die Feigen in Streifen schneiden.

In einem Bräter das Schmalz erhitzen, Speck und Gulasch kräftig anbraten. Zwiebel und Rotkohl dazugeben, 5 Minuten braten und mit Portwein und Wildfond ablöschen. Kardamom, Zimt und Nelkenpulver hinzufügen und mit Deckel bei kleiner Hitze 40–50 Minuten schmoren. Die Feigen dazugeben und weitere 20–30 Minuten köcheln. Mit Balsamico, Salz und Pfeffer abschmecken.

ZUTATEN

1 Rotkohl, 1 kg

100 g geräucherter Speck

1 rote Zwiebel

6–8 getrocknete Feigen

2 EL Schmalz

500 g Rehgulasch, aus der Keule

75 ml Portwein

500 ml Wildfond

½ TL gemahlener Kardamom

½ TL Zimt

1 Msp. Nelkenpulver

1–2 EL Balsamico-Essig

Salz, Pfeffer

DESSERTS

HALBGEFRORENES MIT KROKANT

INGWERPARFAIT MIT FRÜCHTEMOUSSE

Den Ingwer sehr fein hacken. Die Sahne steif schlagen. Eigelb, Zucker und Limettensaft
in einer Metallschüssel verrühren und über dem heißen Wasserbad zu einer dicken Creme
aufschlagen. Eine Kastenform mit einem großen Stück Klarsichtfolie auslegen.

Den Ingwer unter die Creme rühren und abkühlen lassen. Die Sahne nach und nach unter
die Creme heben und die Masse in die Form füllen. Die Klarsichtfolie darüber schlagen und
3–4 Stunden im Tiefkühlfach gefrieren.

Die Mango schälen und das Fruchtfleisch vom Kern schneiden. Den Ingwer schälen und fein
reiben. In einem Topf Wasser, Zucker, Limettensaft und Mangostücke 5 Minuten köcheln,
den Rum dazugießen und mit dem Stabmixer zu einer Sauce pürieren. Das Parfait mit Hilfe
der Folie aus der Form heben und mit einem kalt abgespülten Messer in Scheiben schneiden.
Die Sauce lauwarm neben dem Parfait anrichten.

ZUTATEN

Ingwerparfait: Früchtemousse:

25 g kandierter Ingwer   1–2 reife Mango

150 g Sahne   1 Stück Ingwer, walnussgroß

3 Eigelb   100 ml Wasser

4 EL brauner Zucker   4 EL brauner Zucker

2 EL Limettensaft   5 EL Limettensaft

                                    2 EL weißer Rum

SCHOKOLADEN-AMARETTO-DESSERT

Amaretti-Kekse mit einer Küchenmaschine oder in einem Plastikbeutel mit einem Nudelholz zerkrümeln. Den Boden einer Springform mit etwas Öl einfetten und die Kekskrümel darin verteilen. Die Mandeln ohne Fett in einer Pfanne anrösten. Schokolade grob zerkleinern und im Wasserbad zusammen mit dem Likör und dem Sirup schmelzen, dabei gelegentlich rühren.

Crème double steif schlagen und vorsichtig unter die Schokolade heben. Die Schokoladen-Mischung in die Form füllen. Die Form mit dem Boden vorsichtig aufstoßen, um Luftblasen zu vermeiden. Mit Frischhaltefolie abdecken und über Nacht im Kühlschrank durchkühlen lassen. Die Form öffnen und das Dessert mit einem Messer in Portionen teilen.

Dazu passt leicht angeschlagene Sahne oder Vanillesauce.

ZUTATEN

100 g Amaretti-Kekse

etwas Pflanzenöl zum Einfetten

30 g Mandeln, gehackt

450 g Zartbitter-Schokolade

5 EL Amaretto (Mandellikör)

5 EL Ahornsirup

500 g Crème double

PISTAZIENKUCHEN

Den Backofen auf 180 °C vorheizen. Die Zitronen gründlich mit heißem Wasser abwaschen, die Schalen abreiben und eine Zitrone auspressen. Eine Kastenform mit Butter einfetten.

120 g Pistazien im Mixer möglichst fein zermahlen. Zucker mit Butter schaumig aufschlagen und nacheinander die Eier zugeben. Die Vanilleschote mit einem scharfen Messer der Länge nach aufschlitzen und das Mark herauskratzen. Mandeln, Pistazien, Mehl, Vanillemark und die Hälfte der Zitronenschale untermischen und alles mit dem Handrührgerät gründlich verrühren. Den Teig in die Kastenform füllen und im Backofen 70 Minuten backen. Der Kuchen ist fertig, wenn beim Einstechen mit einem Holzstäbchen kein Teig kleben bleibt. Den Kuchen aus der Form stürzen und auskühlen lassen.

Für die Glasur Zitronensaft und Puderzucker kurz aufkochen und glatt rühren. Restliche Zitronenschale unter den Guss mischen, über den Kuchen gießen und mit gehackten Pistazien bestreuen.

ZUTATEN

2 unbehandelte Zitronen

150 g Pistazien, gehackt

250 g Zucker

250 g weiche Butter

1 Vanilleschote

4 Eier

100 g Mandeln, gemahlen

40 g Mehl

50 g Puderzucker

Butter zum Einfetten

SAFTIGER ORANGENKUCHEN

Backofen auf 180 °C vorheizen. Eine Orange gut abwaschen, Zesten abziehen und fein hacken, beide Orangen und die Zitrone auspressen. Butter, Mehl, Zucker, Milch, Eier und Orangenzesten mit dem Handrührgerät zu einem glatten Teig schlagen. Eine Kastenform sehr gut mit Butter einfetten, den Teig hineinfüllen und 1 Stunde backen.

Für den Sirup Orangen- und Zitronensaft in einem Topf erwärmen und Puderzucker darin auflösen. Den fertigen Kuchen aus der Form nehmen, mit der Hälfte des Sirups begießen und auskühlen lassen. Den Kuchen aufschneiden und die einzelnen Scheiben mit dem restlichen Sirup beträufeln. Frische Schlagsahne halbsteif aufschlagen, mit Orangenlikör parfümieren und mit dem Kuchen anrichten.

ZUTATEN

2 unbehandelte Orangen

1 Zitrone

5 EL Butter (110 g)

180 g Instant-Mehl

125 g Zucker

4 EL Milch

2 Eier

Butter zum Einfetten

75 g Puderzucker

200 g Sahne

etwas Orangenlikör,
   z. B. Grand Manier

CRÊPES MIT AUBERGINENKOMPOTT UND KARDAMOM

Die Auberginen schälen, klein schneiden und in einen Topf geben. Mit einem Liter Wasser und dem Saft der Zitrone 30 Minuten garen. Anschließend Auberginen über einem Sieb abgießen und im Mixer pürieren. Kardamomkapseln öffnen, Körner im Mörser zerdrücken und zu den Auberginen geben. In einem Topf 100 ml Wasser mit Zucker etwas einkochen lassen, zu den Auberginen gießen und mit Salz abschmecken.

Die Butter schmelzen und leicht bräunen, den Honig zufügen und etwas einkochen. Orangen- und Zitronensaft zugießen und einkochen lassen, bis alles die Konsistenz einer sämigen Dessertsauce hat.

Die Eier mit dem Schneebesen aufschlagen, nacheinander Zucker, Mehl, Milch, Salz und geschmolzene Butter zugeben und gut verrühren. Eine Pfanne mit etwas Butter heiß werden lassen und dünne Crêpes ausbacken. Mit dem noch warmen Kompott füllen und mit der Sauce überziehen.

ZUTATEN

Auberginenkompott:	Sauce:	Crêpe-Teig:
500 g Auberginen	150 g Butter	3 Eier
1 Zitrone	100 g Honig	100 g Zucker
25 Kardamom-Kapseln (nach	400 ml Orangensaft	125 g Mehl
Intensität und Geschmack	100 ml Zitronensaft	200 ml Milch
auch weniger)		1 Prise Salz
100 ml Wasser		75 g Butter und etwas
100 g Zucker		für die Pfanne
1 Prise Salz		

CRÊPES MIT AUBERGINENKOMPOTT UND KARDAMOM

POWIDLTASCHERLN

Die Kartoffeln waschen und in leicht gesalzenem Wasser gar kochen, pellen und dann durch die Püree-Presse drücken und abkühlen lassen. Die Vanilleschoten längs aufschlitzen und das Mark mit einem Messer herauskratzen. Die durchgedrückten Kartoffeln mit Mehl, Grieß, 40 g Butter, etwas Vanillemark und Eigelb sowie einer Prise Salz zu einem glatten Teig kneten. Ein großes Brett mit Mehl bestäuben und darauf den Teig ca. 3–4 mm dick ausrollen (evtl. unter Klarsichtfolie). Das Pflaumenmus zusammen mit Zimt und Rum verrühren.

Mit einem Glas 8 cm große Kreise aus dem Teig ausstechen und jeweils in die Mitte einen kleinen TL der Pflaumenmus-Mischung setzen. Die Teigkreise zu Halbmonden zusammen-klappen, mit einer Gabel die Ränder andrücken (damit sie besser zusammenkleben, vorher evtl. mit etwas Eiweiß bestreichen) und im siedenden Salzwasser 5–8 Minuten garen. Wenn sie nach oben steigen, sind die Tascherln gar. Die restliche Butter in einem Pfännchen schmelzen und darin die Semmelbrösel leicht bräunen. Die fertig gegarten Tascherln auf Tellern anrichten, mit Butter-Brösel-Mischung übergießen und mit etwas Puderzucker bestäuben.

ZUTATEN

600 g Kartoffeln, mehlig kochend

2 Vanilleschoten

100 g Instant-Mehl

60 g Hartweizengrieß

80 g Butter

1 Eigelb

Salz

3 EL Pflaumenmus

1 EL Rum

1/4 TL Zimtpulver

1 1/2 EL Semmelbrösel

Puderzucker

evtl. 1 Eiweiß

etwas Mehl

STICKY TOFFEE-PUDDING

Den Backofen auf 150 °C vorheizen. Die Eier trennen, das Eiweiß mit einer Prise Salz und der Hälfte des Zuckers mit einem Handrührgerät zu festem Schnee schlagen. Feigen, Ingwerstäbchen und Pflaumen sehr klein schneiden. Die Vanilleschote mit einem scharfen Messer der Länge nach aufschlitzen und das Mark herauskratzen. Die Butter mit restlichem Zucker, Vanillemark und Eigelben schaumig rühren. Den Honig untermischen. Feigen, Pflaumen, Ingwer und Mehl sowie die Hälfte vom Eischnee gut vermengen, den restlichen Eischnee vorsichtig unterheben.

Ofenfeste Förmchen mit Butter ausstreichen, mit braunem Zucker ausstreuen und bis knapp unter den Rand mit der Masse füllen. Im Backofen auf mittlerer Schiene etwa 55 Minuten backen. Mit einem Messer vorsichtig den Pudding vom Rand der Förmchen lösen, auf Teller stürzen und mit Vanilleeis anrichten.

ZUTATEN

3 Eier

Salz

100 g brauner Zucker

150 g getrocknete Feigen

50 g kandierte Ingwerstäbchen

50 g getrocknete Pflaumen

1 Vanilleschote

4 EL weiche Butter

3 EL Honig

100 g Mehl

1 Packung Vanilleeis

ERDBEEREN MIT CAYENNE

Die Erdbeeren waschen, Stiele entfernen und die größeren Früchte halbieren. Die Orangen gut abwaschen und etwa 1 TL Schale abreiben. In einer Pfanne Zucker und Wasser karamellisieren lassen. Orangenschale, -saft und -likör hinzufügen. Wenn sich der Zucker gelöst hat, mit Cayennepfeffer würzen und die Erdbeeren 3–5 Minuten in der Flüssigkeit dünsten. Die Früchte sollen nicht zu weich werden. Pistazien dazugeben, Erdbeeren in tiefe Teller oder Schälchen geben und mit Vanilleeis anrichten.

ZUTATEN

500 g Erdbeeren

1 unbehandelte Orange

150 g Zucker

3 EL Wasser

250 ml Orangensaft

5 EL Orangenlikör

1 Msp. Cayennepfeffer

2–3 EL Pistazien, gehackt

Vanilleeis

MARONEN-SCHOKO-DESSERT

Die Schokolade in einem Wasserbad schmelzen. Die Maronen in einer Küchenmaschine sehr fein zerhacken. In einer Schüssel die Butter mit dem Puderzucker schaumig aufschlagen, geschmolzene Schokolade und Maronen unterrühren und die Masse in Dessertförmchen geben. Über Nacht im Kühlschrank fest werden lassen.

Maronencreme mit etwas Puderzucker und Kakao bestäuben und mit geschlagener Sahne anrichten.

ZUTATEN

300 g Bitterschokolade

300 g Maronen, vorgegart

200 g weiche Butter

200 g Puderzucker und etwas
  zum Bestäuben

Kakao zum Bestäuben

200 g Sahne

VANILLEPUDDING MIT PUNSCHSAUCE

Orange und Zitrone gut mit heißem Wasser abwaschen und jeweils die Hälfte der Schale abreiben. Für die Punschsauce 250 ml Rotwein, Orangen- und Zitronenschale, Nelken, Zimt und Johannisbeergelee 10 Minuten in einem Topf bei schwacher Hitze köcheln lassen, durch ein Sieb gießen und wieder zum Kochen bringen. Die Stärke im restlichen Rotwein auflösen und in den Rotweinsud einrühren. Einige Male aufkochen und den Rum zugeben.

Die Vanilleschote mit einem scharfen Messer längs halbieren und das Mark herauskratzen. Das Ei trennen und das Eiweiß steif schlagen. Die Hälfte der Sahne ebenfalls steif schlagen. Das Eigelb mit etwas Milch vermischen. Puddingpulver und 1 EL Zucker ebenfalls mit kalter Milch glatt rühren. In einem Topf restliche Milch und restliche Sahne mit Vanillemark, 2 EL Zucker und einer Prise Salz aufkochen. Das Puddingpulver in die heiße Milch einrühren, kurz aufkochen lassen und vom Herd nehmen. Das verrührte Eigelb unter den Pudding ziehen. Den Eischnee und die geschlagene Sahne nach und nach unterheben und den Pudding abkühlen lassen. Vanillepudding auf Dessertteller verteilen und die Punschsauce darüber gießen.

ZUTATEN

1 unbehandelte Orange

1 unbehandelte Zitrone

300 ml Rotwein

2 Nelken

1/2 Zimtstange

2 EL schwarzes Johannisbeergelee

1 TL Speisestärke

2 cl Rum

1 Vanilleschote

1 Ei

150 g Sahne

350 ml Milch

1 Päckchen Vanillepudding

3 EL Zucker

BÖHMISCHE LIWANZEN

Für die Pflaumensauce Pflaumenmus, 2 EL Zucker, Zimt und Sahne verrühren und im Kühlschrank kalt stellen.

Die Zitrone gründlich mit heißem Wasser waschen, die Hälfte der Schale abreiben. In einem Topf die Milch lauwarm erhitzen. Trockenhefe und Mehl mischen, zusammen mit Zucker und lauwarmer Milch verrühren. Salz, Zitronenschale und das Ei zugeben und alles zu einem dickflüssigen Teig verrühren. Zugedeckt an einem warmen Ort 30 Minuten gehen lassen.

Eine Liwanzen- oder Eierpfanne heiß werden lassen und mit etwas Butter und Sonnenblumenöl ausstreichen. Mit einem Esslöffel den Teig in die Vertiefung geben, Oberfläche glattstreichen und 2–3 Minuten backen, die Liwanzen wenden und die andere Seite fertig backen. Nach Geschmack Zucker und Zimt in einem Teller vermischen, Liwanzen darin wälzen und mit der Pflaumensauce servieren.

ZUTATEN

Pflaumensauce:	1 unbehandelte Zitrone
5 EL Pflaumenmus	150 ml Milch
2 EL Zucker	10 g Trockenhefe
Zimt	100 g Mehl
5 EL Sahne	20 g Zucker
	1 Prise Salz
	1 Ei
	20 g Butter
	3 EL Sonnenblumenöl
	Zucker und Zimt nach Geschmack

ZITRONENPUDDING

Den Backofen auf 180 °C vorheizen. Die Zitrone gut waschen, die Schale abreiben und den Saft auspressen. Die Eier trennen und das Eiweiß steif schlagen. Sahne mit der Milch vermischen.

In einer Schüssel Mehl, Zucker und Salz vermischen. Langsam Eigelbe, Sahne-Milch, Zitronensaft und -schale zugeben und gut verrühren. Vorsichtig das Eiweiß nach und nach unterheben. Cappuccino-Tassen mit Butter einfetten und die Masse darin verteilen. Auf ein tiefes Backblech setzen und so viel heißes Wasser angießen, dass die Tassen halbhoch im Wasserbad stehen. Etwa 40 Minuten im Backofen stocken lassen, bis die Oberfläche goldbraun ist.

ZUTATEN

1 unbehandelte Zitrone

4 Eier

150 g Sahne

150 ml Milch

Butter für die Tassen

6 EL Mehl

125 g Zucker

½ TL Salz

HALBGEFRORENES MIT KROKANT

Die Haselnüsse grob hacken. Ein Backblech mit Backpapier auslegen. In einer Pfanne die Nüsse ohne Fett kurz anrösten und herausnehmen. 4 EL Wasser und 200 g Zucker in die Pfanne geben und bei starker Hitze zu einem klaren Sirup kochen, dabei ständig rühren. Die Hitze reduzieren und die Masse weiter köcheln lassen, bis sie goldbraun wird. Die Nüsse dazugeben und unter Rühren karamellisieren. Die Nussmasse flach auf das Backblech streichen und auskühlen lassen.

Die Eier trennen und das Eiweiß mit einer Prise Salz steif schlagen, im Kühlschrank kalt stellen. Die Vanilleschote mit einem scharfen Messer der Länge nach aufschlitzen und das Mark heraus-kratzen, mit dem restlichen Zucker und den Eigelben in einer Schüssel schaumig rühren.

In einer zweiten Schüssel die Sahne steif schlagen. Die abgekühlte Nussmasse in ein Küchentuch wickeln und mit einem Nudelholz darüber rollen oder im Mixer grob zerkleinern. Schlagsahne, Nüsse und Eigelb-Mischung verrühren und den Eischnee nach und nach unterheben. Mit Folie abdecken und $1\frac{1}{2}$ Stunden ins Tiefkühlfach stellen. Das Halbgefrorene in Scheiben schneiden und anrichten.

ZUTATEN

500 g geschälte Haselnusskerne

4 EL Wasser

250 g Zucker

4 Eier

1 Prise Salz

1 Vanilleschote

200 g Sahne

SAHNE-MILCHREIS MIT BEERENSAUCE

Die Limette gut mit heißem Wasser abwaschen, Zesten abziehen und fein hacken. Die Limette auspressen. In einem Topf die Milch mit etwas mehr als der Hälfte der Limettenzesten zum Kochen bringen, den Milchreis einrieseln lassen und mit einem Schneebesen gut durchrühren.

Den Topf vom Herd nehmen und den Reis zugedeckt quellen und anschließend ohne Deckel abkühlen lassen. Die Sahne steif schlagen und unter den Milchreis heben, dann mit der Hälfte des Zuckers und dem Zimt abschmecken.

In einem Topf die Beeren mit dem restlichen Zucker und 1 EL Wasser kurz aufkochen, bis sie weich sind. Durch ein Sieb streichen, mit Limettensaft abschmecken und abkühlen lassen. Den Milchreis in Schälchen füllen, mit Beerensauce übergießen und mit Limettenzesten bestreuen.

ZUTATEN

1 unbehandelte Limette

500 ml Milch

125 g Milchreis

200 g Sahne

60 g Zucker

1 Prise Zimt

250 g Beerenmischung, tiefgekühlt

1 EL Wasser

> Die 2. waschen, de...
einen Sparschäler z...
weiter längs in d...
abziehen. Wenn die...
grob sind, die dünn...
den Knolle...

REZEPT-REGISTER